Veröffentlichungen
der Vereinigung der Deutschen Staatsrechtslehrer

Heft 3

Die Gleichheit vor dem Gesetz im Sinne des Art. 109 der Reichsverfassung.

Der Einfluss des Steuerrechts auf die Begriffsbildung des öffentlichen Rechts.

Berichte
von

**Erich Kaufmann, Hans Nawiasky,
Albert Hensel** und **Ottmar Bühler**

Verhandlungen der Tagung der Deutschen Staatsrechtslehrer
zu Münster i. W. am 29. und 30. März 1926

Mit einem Auszug aus der Aussprache

Berlin und Leipzig 1927
Walter de Gruyter & Co.
vormals G. J. Göschen'sche Verlagshandlung — J. Guttentag, Verlagsbuchhandlung — Georg Reimer — Karl J. Trübner — Veit & Comp.

Druck von C. Schulze & Co., G. m. b. H., Gräfenhainichen.

Inhalt.

I. Eröffnung.

Der Vorsitzende Triepel-Berlin eröffnete die Beratungen am 29. März 1926 um 9 Uhr 50 Min. mit einigen Worten der Begrüßung und gedachte des der Vereinigung durch den Tod entrissenen Hugo Preuß, dem er als gedankenreichem Lehrer und Forscher warme Worte der Anerkennung widmete. Die Versammlung erhob sich zu Ehren des Verstorbenen von den Sitzen.

Helfritz-Breslau berichtet über die Arbeiten der Kommission der Vereinigung zur Verwaltungsreform.

Nach Erstattung des Geschäftsberichtes durch Stier-Somlo-Köln wird in die sachlichen Beratungen eingetreten.

II. Erster Beratungsgegenstand:

1. Die Gleichheit vor dem Gesetz im Sinne des Art. 109 der Reichsverfassung.

1. Bericht von Professor Dr. Erich Kaufmann in Bonn.

Mein heutiger Vortrag verdankt seine Entstehung der mich sehr ehrenden Aufforderung unseres Vorstandes und nicht eigener Initiative. Wenn ich mich auch mit den Fragen, die mit dem Problem der Gleichheit vor dem Gesetz zusammenhängen, von jeher beschäftigt, über sie seit langem nachgedacht und auch vielfach mit ihnen in der Praxis des internationalen Lebens zu tun gehabt habe, so ist doch das, was ich Ihnen heute zu bieten vermag, nichts Fertiges und in sich Abgerundetes, nichts an sich zur Veröffentlichung Bestimmtes. Wenn ich trotzdem Ihrer freundlichen Aufforderung gern Folge geleistet habe, so tat ich dies in der Überzeugung, daß schließlich jede Produktion auf wissenschaftlichem Gebiete einen gewissen Gewaltakt darstellt, oder zum mindesten einen Kompromiß zwischen der Unendlichkeit der wissenschaftlichen Probleme und der Kürze des Lebens, einen Kompromiß zwischen der wissenschaftlichen Gewissenhaftigkeit und dem Bedürfnis sich mitzuteilen. Schließlich aber habe ich geglaubt, daß es sich bei einem Vortrage in unserer Vereinigung nicht immer darum handeln muß, fertige und in sich abgeschlossene Ergebnisse zu bringen. Unsere Vereinigung soll wohl mit in erster Linie der gegenseitigen Mitteilung über den jeweiligen Standpunkt dienen, den die einzelnen Mitglieder zu den großen Problemen unserer Wissenschaft gewonnen haben. Wir wollen uns hier aussprechen, mitteilen und anregen. Endlich möchte ich nicht unterlassen hervorzuheben, daß, besonders wenn es sich um ein so großes und prinzipielles Thema handelt wie das der Gleichheit vor dem Gesetz, ein Thema, das nicht nur mit den letzten Rechtsfragen auf das Intimste zusammenhängt, sondern auch mit Weltanschauungsfragen, mit dem was unserer ganzen Arbeit Leitstern ist und Kraft gibt, in einem solchen Vortrag zugleich ein Bekenntnis liegt; und als ein solches bitte ich meine folgenden Ausführungen freundlich aufnehmen zu wollen.

In der Wahl des Themas liegt bereits etwas Besonderes. Ich glaube nicht, daß, wenn unsere Vereinigung schon vor dem Kriege bestanden hätte, der Grundsatz der Gleichheit vor dem Gesetz zum Gegenstand einer Erörterung im Kreise von Staatsrechtslehrern gewählt worden wäre. Ich begrüße es auf das Wärmste, daß die Zeiten sich geändert haben. Ich begrüße es, daß der Positivismus in der Rechtswissenschaft heute so wet als erledigt angesehen werden kann, daß unsere Vereinigung zum mindesten das Problem als Problem empfindet und daß man ernsthaft an die Erörterung von Fragen herantreten kann, die in den Kern des Rechtsproblems und in das, was jenseits des positiven Staatsgesetzes liegt, hineinführen. Die Erlebnisse, die unser Volk, und wir mit ihm, im Kriege, im Zusammenbruche, in der Revolution und unter dem Versailler Vertrag inner- und äußerpolitisch gehabt hat, haben uns gewaltig aufgerüttelt und zu einer großen Selbstbesinnung geführt. Diese Erlebnisse haben uns den Zwang auferlegt, unsere Gedanken über Recht und Staat einer neuen Prüfung zu unterwerfen. Der Positivismus wächst seiner Natur nach auf dem Boden stabiler oder für stabil gehaltener Verhältnisse und der damit gegebenen Stimmung der Saturiertheit. Durch Krieg, Revolution, Zusammenbruch und Friedensvertrag haben wir aufgehört ein saturiertes Volk zu sein; und damit dürfte es zusammenhängen, daß auch die mit dem Grundsatz der Gleichheit vor dem Gesetz gestellten Probleme für uns wieder Probleme geworden sind.

In der Tat handelt es sich bei der Erörterung unserer Frage darum, sich zu besinnen auf etwas, was hinter allem rechtlichen Geschehen, hinter allem Geschehen überhaupt liegt. Ist doch jedenfalls in unserem Grundsatze ausgesprochen – man mag sich zu ihm stellen wie man will – der Glaube an Rechtsprinzipien über dem Gesetzesrecht, an die auch der Gesetzgeber gebunden ist, der Glaube an eine überpositive Ordnung, die wir gehalten sind zu verwirklichen, in der jede positive Ordnung wurzeln soll, die sie nicht verletzen darf. Letztlich steckt sogar darin die Überzeugung, daß das, was hinter dem Geschehen und dem geltenden Recht steht, nicht minder real ist als die geltende positive Ordnung, ja daß es das wahrhaft Reale ist, in dem wir mit dem Besten in uns wurzeln, wenn wir geistig und moralisch aufrecht stehen wollen, wenn wir schaffen wollen am Recht und wenn wir das rechtliche Geschehen beurteilen wollen.

In diesem Sinne ist der Gedanke des Naturrechts als das Wissen von einer höheren Ordnung etwas Ewiges und Unvermeidliches.

Freilich ruht der Grundsatz von der Gleichheit vor dem Gesetz in einem ganz spezifischen Naturrecht. Er hat so, wie er ursprünglich gemeint war, nichts zu tun mit dem absoluten

Naturrecht in dem Sinne, in dem Ernst Troeltsch diesen Begriff gebraucht hat. Er wurzelt auch nicht in der mittelalterlichen und christlichen Auffassung des Naturrechts, sondern in dem rationalistischen Naturrecht des 17. und 18. Jahrhunderts, welches sich auch bei der Prägung dieses Satzes darstellt als die Säkularisierung des christlichen Naturrechts.

Es ist ohne weiteres einleuchtend, daß der Satz von der Gleichheit vor dem Gesetz an die Stelle des Satzes von der Gleichheit vor Gott getreten ist. Dieser Satz der Gleichheit aller vor Gott bedeutet, glaube ich, nicht nur die gleiche Nähe und Ferne des Einzelnen zu Gott, sondern etwas Weiteres: die Gewißheit, daß ein reales persönliches Wesen da ist, welches uns gerecht beurteilt, und daß der Begriff der Gerechtigkeit untrennbar verbunden ist mit einer absoluten Persönlichkeit. An die Stelle dieser Auffassung von der Gerechtigkeit stellt der Satz von der Gleichheit vor dem Gesetz eine andere: er ersetzt die Persönlichkeit durch das abstrakte Gesetz. In derselben Weise, wie bei der Konstruktion und dem Aufbau der natürlichen Welt das sachliche, abstrakte und allgemeine Naturgesetz den Gedanken der persönlichen Schöpfung verdrängt, so sollen, das ist immer wieder der wesentliche Grundgedanke des rationalistischen Naturrechts, auf dem Gebiete der sittlichen Welt und auf dem der sozialen und staatlichen Ordnung sachliche, allgemeine, abstrakte Rechtsgesetze die Herrschaft von Persönlichkeiten verdrängen. An die Stelle jedes persönlichen Regimes sollen abstrakte und allgemeine Gesetze gesetzt und so jede persönliche Willkür beseitigt werden. Dann soll Recht und Gerechtigkeit herrschen, wenn alles soziale Geschehen durch allgemeine Gesetze, das heißt durch Gesetze, die alle gleich behandeln, geregelt ist.

Soziologischer Träger des rationalistischen Naturrechts und dieses Gedankens der Gleichheit aller vor dem Gesetz war das sich emanzipierende Bürgertum, welches das Prinzip seiner Gleichheit mit den anderen Ständen und damit der Gleichheit aller an die Stelle der überkommenen ständischen Ordnung der Gesellschaft zu setzen bestrebt war. So handelt es sich zunächst grundsätzlich um einen liberalen Satz. Er wird zu dem Grundsatz einer demokratischen Verfassungsform erst dadurch, daß ein zweites Element hinzukommt, nämlich dadurch, daß man mit Rousseau fordert, daß das allgemeine Gesetz auch von der Allgemeinheit, der Gesamtheit der Bürger beschlossen sein muß, weil die Gerechtigkeit erst dann garantiert erscheint, wenn alle über alle und so jeder über sich selbst beschließt. Kurz, erst dadurch, daß die Gleichheit aller auf das politische Gebiet übertragen wird in dem Sinne, daß auch alle Bürger die gleichen Rechte auf Herrschaft im Staate, auf aktive Mitwirkung bei der staatlichen Willensbildung haben, gewinnt der Satz einen demokratischen Sinn.

Wie sich aus dem Gesagten ergibt, ist der Satz von der Gleichheit vor dem Gesetz keine Erfindung der Weimarer Nationalversammlung; diese hat ihn vielmehr vorgefunden als einen Bestandteil des allgemeinen Rechtsbewußtseins der Zeit. Wenn er daher auch allgemeines liberales Erbgut ist, so hat er doch seine hauptsächlichste praktische Ausgestaltung und lebendige Anwendung vor allem in den kalvinistischen Ländern gefunden und ist besonders in der Schweiz und in den Vereinigten Staaten von Amerika zu bedeutsamer praktischer Wirkung gekommen. In der kalvinistischen Abneigung gegen jedes irdische persönliche Regiment mußte er wichtige Anknüpfungspunkte in den religiösen und ethischen Anschauungen finden. Aber auch wo diese fehlen, gehört er zum eisernen Bestand liberaler Forderungen. Wenn die Weimarer Nationalversammlung den Satz in die Verfassung aufgenommen hat, so bedeutet dies daher ein Bekenntnis zu etwas Vorhandenem, zu einem Gedanken, der in der Gemeinschaft der Völker im 18., 19. und 20. Jahrhundert lebendig war und ist, und zwar nicht nur im innerstaatlichen, sondern auch im internationalen Recht. Für eine Erörterung seines Sinnes ist daher die rechtsvergleichende Methode nicht nur nicht abzuweisen, sondern sogar geboten. Die Gleichheit der Staaten im Völkerrecht wirft ähnliche Probleme auf. Und noch neuestens hat der Satz als ein dem internationalen Rechtsbewußtsein angehöriger Satz eine neue Bezeugung erfahren in der großen Reihe der Minderheitsverträge, welche die alliierten und assoziierten Großmächte auf der Friedenskonferenz mit den neu gegründeten Staaten und denjenigen Staaten, die ihr Gebiet bedeutend vermehrt haben, abgeschlossen haben. Alle diese Verträge stellen den Satz auf, daß alle polnischen, tschechoslowakischen, griechischen, rumänischen usw. Staatsangehörigen vor dem Gesetz gleich sind; und die Durchführung dieses Satzes in der inneren Ordnung des Lebens dieser Staaten weist eine Fülle von wichtigen und interessanten Problemen auf wirtschaftlichem, politischem und kulturellem Gebiete auf, um deren Lösung sich Wissenschaft und Praxis gerade heute lebhaft bemühen.

Ursprung und Sinn des Satzes von der Gleichheit vor dem Gesetz zeigen, daß in ihm ein Rechtsprinzip aufgestellt sein sollte, das überpositiv gilt. Darum richtet er sich vor allem und in erster Linie an die Adresse des Gesetzgebers, der berufen ist, geschriebenes Recht zu schaffen und der dabei dies Rechtsprinzip nicht verletzen darf. Nur wenn gewisse oberste Rechtsprinzipien nicht verletzt worden sind, schafft das „Gesetz" wirklich „Recht".

Das ist überhaupt der Sinn der in die Verfassungsurkunden aufgenommenen Grundrechte. Und wenn die Entwürfe für Kataloge von Grundrechten, die Ende 1918 und 1919 aufgestellt worden sind, und schließlich die Weimarer Verfassung selbst einen Katalog von Grundrechten aufgestellt hat, so bekennt sie sich eben damit zu diesem Gedanken. Die Grundrechte enthaltenden Verfassungssätze sollen „Richtschnur und Schranke" sein sowohl für die Gesetzgebung wie für die mit der Gesetzesanwendung betrauten Behörden. Ein Rechtssatz, welcher ausdrücklich feststellt, daß die Grundrechte „Richtschnur und Schranke" auch für den Gesetzgeber sein sollen, befand sich in einem der privaten Entwürfe, die dem Verfassungsausschuß vorlagen, und war auch in einen der Ausschußentwürfe übergegangen. Er ist dann zwar letztlich gestrichen worden; aber lediglich aus dem Grunde, weil in den endgültigen Katalog der Weimarer Grundrechte eine ganze Reihe von Grundrechten aufgenommen war, die nicht unmittelbar aktuell geltendes Recht sein, sondern lediglich ein Programm für den künftigen Gesetzgeber aufstellen sollten. Damit hat man aber keineswegs den Grundsatz beseitigen wollen, daß diejenigen grundrechtlichen Bestimmungen, die unmittelbar geltendes Recht darstellen, und so auch der Satz von der Gleichheit vor dem Gesetze, „Richtschnur und Schranke" auch für den Gesetzgeber sind.

Bloß auf die Gesetzesanwendung bezogen, besagt der Satz von der Gleichheit vor dem Gesetze nur etwas Selbstverständliches, ist er nur eine Trivialität. Dieser Gedanke hätte keiner grundrechtlichen Sanktion bedurft; er folgt aus den Begriffen des Gesetzes und der Gesetzesanwendung: ein allgemeines Gesetz anwenden, heißt gar nichts anderes als es gleichmäßig anwenden. Wenn ein Gesetz nicht sinnlos sein soll, muß es gleiche und allgemeine Anwendung finden. Etwas wirklich Bedeutsames besagt der Satz von der Gleichheit nur in seiner Anwendung auf den Gesetzgeber.

In Artikel 105 der Weimarer Verfassung finden wir den Satz, daß Ausnahmegerichte nicht statthaft sind. Selbst einer der bedeutendsten Vertreter der Auffassung, daß der Artikel 109 den Gesetzgeber nicht bindet, Gerhard Anschütz, steht nicht an, das Verbot von Ausnahmegerichten als auch an die Adresse des Gesetzgebers gerichtet aufzufassen. Es ist nicht einzusehen, warum das, was für die Ausnahmegerichte gilt, nicht auch für die Ausnahmegesetze gelten soll. Vieles von dem, was Anschütz in ausgezeichneter Weise über die Ausnahmegerichte sagt, kann fast wörtlich für das Verbot von Ausnahmegesetzen übernommen werden. Was sodann den Artikel 153 über die Garantie des Eigentums und die Voraussetzungen einer zulässigen Enteignung betrifft, so ist ja bekanntlich allgemein anerkannt, daß auch diese Norm sich an den Gesetzgeber wendet und so auch den Gesetzgeber bindet. Auch Anschütz hat sich dem nunmehr angeschlossen.

Diese Auffassung ist auch auf dem Gebiete des internationalen Rechts anerkannt. Der Artikel 1 der Minderheitsverträge bestimmt, daß der Artikel, der die Gleichheit vor dem Gesetze statuiert, zu den Bestimmungen gehört, welche grundgesetzlichen Charakter haben, und daß das bedeutet, daß kein Gesetz, keine Verordnung und keine amtliche Handlung diesem Prinzip widersprechen darf und ihm gegenüber keine Geltung beanspruchen kann. Als sich die Deutsche Regierung gelegentlich des Abkommens über Oberschlesien mit diesen Fragen näher zu beschäftigen hatte, ist gerade von ihr entscheidender Wert darauf gelegt worden, den in Artikel 1 des Minderheitenvertrages ausgedrückten Gedanken in klarer Weise herauszuarbeiten und jedem Zweifel zu entziehen, indem die einzelnen Rechtskonsequenzen, die sich aus ihm ergeben, ausdrücklich formuliert werden sollten. So ist in Artikel 75 des Genfer Abkommens über Oberschlesien der Grundsatz der Rechtsgleichheit in folgende vier Rechtsprinzipien auseinandergelegt worden: 1. Gesetze oder Anordnungen dürfen keine unterschiedliche Behandlung gegen eine Minderheit vorsehen; 2. auch dürfen Gesetze und Anordnungen nicht zuungunsten dieser Personen ungleich ausgelegt oder angewendet werden; 3. auch das bloß tatsächliche Verhalten der Regierung und der Behörden muß gegenüber allen Staatsangehörigen gleichmäßig sein; endlich 4. auch dürfen differenzierende Unterlassungen von Seiten der Behörden und Beamten nicht stattfinden; insbesondere dürfen Behörden und Beamte nicht unterlassen einzuschreiten, wenn dies zum Schutze von Minderheiten notwendig ist. Das Bekenntnis zu diesen Sätzen ist um so bedeutender, als Deutschland sie nicht nur von Polen erwartet, sondern sich in voller Reziprozität ebenso zu ihrer Einhaltung verpflichtet. Auch die Auslegung des Artikel 109 der Verfassungsurkunde wird an dieser Bezeugung der deutschen Rechtsauffassung nicht vorübergehen können.

Bei dem Satze von der Gleichheit vor dem Gesetz handelt es sich um ein Grundrecht der Deutschen, d. h. um ein Recht, das jedem Deutschen als solchem gegen den Staat, d. h. gegen das Reich und die Länder, zusteht. Ich bin mir über die außerordentlich starken unitarischen Konsequenzen dieser These klar.

Die Tatsache bereits, daß man in die Verfassung eines Bundesstaates Grundrechte aufnimmt, bedeutet stets eine Unitarisierung der Verfassung. Die Verfassung der Vereinigten Staaten von Amerika hatte aus diesem Grunde ursprünglich die Aufnahme von Grundrechten unterlassen; sie sind ihr erst später als Zusatzartikel beigefügt worden und stellen anerkanntermaßen eins der bedeutendsten unitarischen Elemente des amerikanischen Verfassungslebens dar. Und wenn Bismarck im Jahre 1867 und 1871 von der Aufnahme von Grundrechten in die Norddeutsche Bundes- und in die Reichsverfassung absah, so war auch bei ihm, abgesehen von seiner persönlichen Abneigung gegen Grundrechtskataloge, unzweifelhaft der Gedanke mitbestimmend, daß der unitarische Zug, der notwendig in Grundrechten des Gesamtvolkes liegt, ihm mit dem Prinzip der möglichst zu erhaltenen Souveränität der Gliedstaaten nicht vereinbar erschien.

Friedrich Naumann hat im Verfassungsausschuß der Weimarer Nationalversammlung einmal in feiner Weise dem Gedanken Ausdruck gegeben, daß mit dem Wegfall der Monarchie unzweifelhaft ein wichtiges Einheitssymbol für das deutsche Volk verloren gegangen sei und daß man nach einem Ersatz dafür suchen müsse; Naumann sah dies neue Symbol in den „Grundrechten der Deutschen". Mir scheint hierin eine große Wahrheit zu liegen.

Es würde auch unserm heutigen Staats- und Volksgefühl widersprechen, gerade bei dem Satze der Rechtsgleichheit von einem Grundrechte der Preußen, Bayern, Württemberger, Thüringer, Anhalter usw. zu sprechen, ebenso wie es unserem Gefühl widersprochen haben würde, wenn neben der deutschen Nationalversammlung die verfassunggebenden Landesversammlungen sich mit dem Namen einer preußischen, bayrischen, sächsischen, hessischen Nationalversammlung geschmückt hätten.

Als Grundrecht kann der Satz von der Gleichheit vor dem Gesetz nur gemeindeutsch sein und für alle Deutschen als solche gelten. Die letzten Gerechtigkeitsforderungen, die wir an das positive Recht richten, können nur solche des gesamten deutschen Volkes sein; und die Legitimitätsaufstellungen, nach denen das deutsche Recht fortzubilden ist, sind dem deutschen Volke gemein. Die Präambel der Deutschen Reichsverfassung bringt zum Ausdruck, daß das einige deutsche Volk von dem Willen beseelt ist, sein Reich in Freiheit und Gerechtigkeit zu gründen und zu festigen. Was Freiheit und Gerechtigkeit ist, ist Gemeingut des ganzen deutschen Volkes. Das hat nichts mehr zu tun mit den Partikularitäten von Gemeinwesen, die von der Stellung eines Staats täglich mehr herabsinken zu Selbstverwaltungskörpern nicht eigentlich staatlicher Art.

Was ist nun, das ist die große Frage, der Sinn und der Inhalt des Satzes der Gleichheit vor dem Gesetze.

Der Sinn des Satzes wird jedenfalls nicht dadurch erfüllt, daß ein Gesetz in allgemeinen Sätzen und Begriffen formuliert ist, so daß jeder Tatbestand des Lebens, der unter sie subsumierbar ist, durch sie erfaßt wird. Das folgt aus dem Begriffe der Allgemeinheit und trifft auch für das drückendste und ungerechteste Ausnahmegesetz zu. Die vermeintliche Zauberkraft des abstrakt Allgemeinen, an die das rationalistische Naturrecht geglaubt hat, versagt; und gerade infolge dieses Versagens ist erst die ganze Problematik entstanden, die der Gleichheitssatz aufwirft. Der Inhalt des Gleichheitssatzes bezieht sich vielmehr auf den Inhalt der Unterscheidungen, die in jedem Rechtssatze enthalten sind. Jeder Rechtssatz besteht in einer Verknüpfung von Rechtsbegriffen; und die Bildung aller Rechtsbegriffe bedeutet, daß eine unterschiedliche Behandlung der unter sie fallenden Tatbestände des Lebens von der aller anderen Tatbestände stattfinden soll. Die Frage, um die es sich bei dem Gleichheitssatze handelt, ist die, ob diese verschiedene Behandlung der Tatbestände des Lebens berechtigt ist oder nicht. Das aber ist eine Forderung, die nicht durch die Allgemeinheit der Formulierung der Rechtssätze erfüllt werden kann.

Sodann verdient hervorgehoben zu werden, daß der Satz von der Gleichheit vor dem Gesetze nicht nur dann verletzt wird, wenn diejenigen, die unberechtigt unterschiedlich behandelt werden, im Gesetze nicht ausdrücklich genannt sind, und ebensowenig dann, wenn neben den unterschiedlich Behandelten auch in einzelnen Fällen, die meist besonders gelagert sein werden, auch andere Tatbestände von den Begriffen des Gesetzes erfaßt werden. Das ist eine für die Praxis außerordentlich wichtige Auslegung des Gleichheitssatzes. Sonst wäre seine Umgehung ein Kinderspiel. In diesem Sinne hat sich auch der Ständige Internationale Gerichtshof im Haag in seinem Rechtsgutachten vom 10. September 1923 über die deutschen Ansiedler in Polen ausgesprochen. Die Tatsache, daß bei den zur Erörterung gestellten polnischen Gesetz keine Diskriminierung im Texte erscheine und daß das Gesetz in gewissen Fällen sich auch auf andere Tatbestände beziehe, sei unwesentlich. „There must be *egality in fact as well as ostensible legal equality* in the sense of the absence of discrimination in the words of the law." Es komme nur darauf an, ob das Gesetz im Ganzen eine bestimmte Gruppe von Personen unterschiedlich behandele.

Ein Rechtssatz ist nur dann richtig ausgelegt, wenn auch seine Umgehung unmöglich gemacht ist.

Betrachtet man alle Formulierungen, die für die Entwicklung des Sinnes des Gleichheitssatzes versucht worden sind, so glaube ich, ist die Formulierung, die das Schweizer Bundesgericht für den Artikel 4 der Schweizer Verfassung gefunden hat, die beste und treffendste. Danach sollen durch den Gleichheitssatz alle ungerechtfertigten Unterscheidungen und alle ungerechtfertigten Nichtunterscheidungen verboten sein. Ausgezeichnet scheint mir auch die Formel, zu der Lampert in seinem schweizerischen Bundesstaatsrecht gelangt. Er sagt: „Die Verschiedenheiten, die der Gesetzgeber aufstellt, müssen sachlich begründet sein, d. h. auf vernünftigen und ausschlaggebenden Erwägungen in der Natur der Sache beruhen derart, daß der Gesetzgeber nur durch solche Unterscheidungen dem inneren Zweck der Ordnung der betreffenden Lebensverhältnisse gerecht wird." Insbesondere dieser Hinweis auf den inneren Zweck der Ordnung der Lebensverhältnisse scheint mir vortrefflich zu sein.

Endlich möchte ich mir gestatten, auf gewisse Formulierungen der Denkschrift der Deutschen Regierung für den Ständigen Internationalen Gerichtshof in der Ansiedlersache hinzuweisen; hier heißt es: „Die Unterscheidungen im Tatbestande und die daran geknüpften differentiellen Rechtsfolgen müssen vor höheren Gesichtspunkten des natürlichen Rechts bestehen können, sie müssen dem ‚Telos' des betreffenden Lebensverhältnisses entsprechen; weder der allgemeine Begriff der Rechtsfolge, noch der des Tatbestandes, jeder für sich betrachtet, brauchte unbegründet zu sein; jeder dieser allgemeinen Begriffe kann in Verbindung mit bestimmten rechtlichen Folgen sachlich begründet sein; aber die Verbindung beider allgemeinen Begriffe zu demselben Rechtssatz kann den Grundsatz der Rechtsgleichheit aufheben. Mag auch die Beantwortung der Frage, wann dieser Fall vorliegt, kaum in einer allgemeinen Formel möglich sein, so wird doch stets der an der Beurteilung des Einzelfalles orientierte Takt des Richters eine Rechtsentscheidung finden können, die sich ebenso von törichter Besserwisserei wie von unzulässiger und feiger Duldsamkeit fernzuhalten weiß."

Letztlich bedeutet das alles, daß die Unterscheidungen und die Nichtunterscheidungen der Gesetze gerecht sein müssen. Was heißt das?

Wenn ich nunmehr dazu übergehe, diese Frage zu beantworten, so möchte ich betonen, daß ich zunächst nur von dem Inhalt des Satzes der Gleichheit vor dem Gesetze spreche und demnach die Frage völlig ausschalte: „*quis judicabit?*", wer hat letztlich darüber zu entscheiden, ob der Gleichheitssatz verletzt ist oder nicht?

Ich stehe mit anderen auf dem Standpunkt, daß es auch für den Gleichheitssatz ein Prüfungsrecht des Richters gibt, wenn ich auch andererseits davon überzeugt bin, daß diesem Prüfungsrecht gewisse Schranken gezogen sind. Aber von alledem will ich erst später sprechen. Hier handelt es sich zunächst nur um die Frage, was der inhaltliche Sinn des Gleichheitssatzes ist, der auch den Gesetzgeber bindet, mag der Gesetzgeber nun selbst souverän und inappellabel darüber entscheiden, ob er die Forderungen des Satzes innegehalten hat, oder mögen die Gerichte berufen sein, die Richtigkeit seiner Entscheidung zu prüfen.

So stehen wir vor der Frage: was heißt gerecht?

Man wird geneigt sein, darauf relativistisch zu antworten, daß man darüber verschiedener Meinung sein, darüber streiten kann. Ist das aber der Fall, wird man erwidern müssen, so liegt schon in dieser Tatsache die Anerkennung, daß man eben darüber diskutieren kann. Und das beweist, daß es etwas über den Menschen gibt, dem sie unterworfen sind, dem sie sich unterworfen fühlen, und von dem sie wissen, daß es wirklich existiert. Und zwar nicht nur als etwas bloß Formales. Es handelt sich bei dem Begriff der Gerechtigkeit nicht bloß um eine Methode für Diskussionen, nicht bloß um Diskussionsregeln, wie vielfach behauptet wird, sondern um eine materielle Ordnung, die zu verwirklichen unsere Aufgabe ist, in deren Dienst ein jeder steht, der mit dem Rechte zu tun hat, der Gesetzgeber ebenso wie der Richter. Es handelt sich nicht darum, daß der Gesetzgeber und jeder andere, der mit dem Rechte zu tun hat, bestimmte Regeln und Methoden befolgen soll, sondern sie sollen eine bestimmte materielle Ordnung schaffen, die inhaltlich gerecht ist.

Was das ist, läßt sich nicht definieren. Definieren läßt sich nur, was Gegenstand mittelbarer Erkenntnis ist. Das unmittelbar Erkannte ist als solches undefinierbar. Auch das Gute, Wahre und Schöne ist nicht zu definieren, weil es uns unmittelbar gewiß wird. Wir haben eine unmittelbare Erkenntnis des Guten und Bösen, des Schönen und Häßlichen, des Gerechten und Ungerechten. Alles das ist uns in unserem Gewissen gegeben. Das Gewissen ist aber nichts Subjektives und darf nicht psychologistisch aufgelöst und relativiert werden; sondern es ist unmittelbar Gewißheit einer höheren objektiven Ordnung, an der wir teil haben (*μετέχειν*), die wir realisieren müssen, in deren Dienst wir stehen. Diese Ordnung haben wir nicht geschaffen. In diesem Sinne ist keine echte Ethik nur autonome Ethik. Wenn wir tun, was das Gewissen gebietet, tun wir etwas, was ein Höherer uns durch unser Gewissen sagt. Aber wir müssen es tun, nicht weil wir es sind, die das Gesetz gemacht haben, sondern weil wir uns verpflichtet fühlen, das Gesetz zu dem unseren zu machen, es in unseren Willen aufzunehmen. Nur insofern kann von einer autonomen Ethik gesprochen werden. Daher scheint mir auch gegen die Ausdrücke Rechtsgefühl und Rechtsbewußtsein nichts einzuwenden sein. Nur muß für uns volle Klarheit darüber bestehen, daß dies Bewußtsein und dies Gefühl unmittelbare Erkenntnis von etwas Höherem über uns ist, das uns im Rechtsgewissen gegeben ist, und hier unserer unmittelbaren Erkenntnis unterliegt.

Weil es sich um unmittelbare Erkenntnis, um Erkenntnis im Gewissen handelt, hängt sie allein davon ab, ob das Gewissen spricht, das heißt, ob der Handelnde, wie der Beurteilende und Richtende ein reines Gefäß ist, das heißt, daß nicht seine unreine Subjektivität, sondern das über uns allen stehende Objektive aus ihm spricht. Wer reinen Herzens ist, ist gerecht als Handelnder und als Richtender, und nur er. Gerechtigkeit ist nicht in dem Sinne eine ewige Aufgabe, daß sie nur durch die geschichtliche Entwicklung und geschichtlichen Fortschritt in allmählicher Annäherung an ein unendliches Ideal asymptotisch realisiert wird. Sie ist wohl ewige Aufgabe, aber eine ewige Aufgabe, die jeder Augenblick in gleicher Weise stellt. Die Welt wird nicht gerechter oder ungerechter; alle Epochen sind, wie Ranke sagt, gleich nahe zu Gott. Es kommt auf die Gesamtpersönlichkeit und ihre Lauterkeit an. Das ist der zweite Sinn, in dem wir von einer Autonomie auf sittlichem Gebiete sprechen können. Die Tatsache, daß durch sittliche Erziehung die Gesamtpersönlichkeit zu einem reinen Gefäß werden kann, das an den objektiven Werten teil hat, ist uns die sicherste Bürgschaft für die Realität dieser objektiven Werte. Nur Persönlichkeiten in diesem Sinne sind gut und gerecht.

Ein merkwürdiges Ergebnis. Der Gleichheitssatz ging aus von dem Ersatz des Persönlichen durch das allgemeine, abstrakte und sachliche Gesetz; und diese Ausführungen münden aus in einen Hinweis auf die Persönlichkeit. Aber alle Versuche der Lösung der Probleme der natürlichen und sittlichen Ordnung durch generalisierende, abstrahierende und isolierende Normen sind eben zum Scheitern verurteilt. Wie die Naturgesetzlichkeit den Schöpfungsgedanken nicht beseitigen kann, kann auch auf moralischen Gebiet die abstrakte, generelle Norm nicht die sittliche Persönlichkeit ausschalten. Eine gerechte Entscheidung kann nur eine gerechte Persönlichkeit fällen oder beurteilen. Darin liegt kein Subjektivismus, sondern nur die Erkenntnis der Tatsache, daß Gerechtigkeit etwas Schöpferisches ist und nicht die mechanische Anwendung starrer abstrakter Normen. Nur wo objektive transpersonale Werte sich in einer Persönlichkeit offenbaren, in ihr und durch sie geformt werden, gibt es schöpferisches Tun. In unserem Ergebnis liegt daher nur die Erkenntnis der Tatsache, daß menschliche Schöpfungskunst an menschliche Persönlichkeiten gebunden ist und daß der Grad der Vollkommenheit des Geschaffenen von dem Maße abhängig ist, in dem sich in den Persönlichkeiten ewige Werte offenbaren und formen.

So sind in diesem Ergebnis auch keineswegs die Antinomien im Gerechtigkeitsbegriff verkannt, die wir alle empfinden. Im Gegenteil, sie kommen gerade in diesem Ergebnis erst zum vollen Ausdruck. Absolut gerecht ist nur eine absolute Persönlichkeit. Aber wir Menschen sind diskursive Wesen; d. h. wir sind auf dem Gebiete der moralischen Erkenntnis ebenso gespalten wie auf dem der theoretischen Erkenntnis, wo uns der „intuitive Verstand" versagt ist. Wir erkennen nicht das Ding an sich, sondern Dinge, ohne das in ihnen erscheinende Absolute erkennen zu können, wenn wir auch anderseits in den Dingen das dahinter stehende Absolute ahnen müssen, wenn wir sie erkennen wollen. Die verschiedenen Erkenntnismethoden nnd Erkenntnisprinzipien, mit denen wir an die Dinge herantreten, sind nur immer neue Versuche, uns von den verschiedendsten Seiten dem unserer diskursiven Erkenntnis verschlossenen An Sich zu nähern, dessen Realität wir gerade damit anerkennen. Das liegt nicht anders auf ethischem Gebiet. Auch hier ist uns die unmittelbare Verwirklichung der Gerechtigkeit selbst, im Handeln wie im Urteilen, verschlossen. Als endliche Wesen sind wir auch hier genötigt, uns dem absolut Gerechten von verschiedenen Gerechtigkeitsprinzipien aus zu nähern und das Absolute nur zu ahnen, womit wir es gleichzeitig anerkennen.

Es war ein erster großer Irrtum des rationalistischen Naturrechts, nur eine Gerechtigkeitsidee zu kennen, die justitia commutativa, die Verkehrsgerechtigkeit, und alle Fragen auf diesen Gedanken zurückzuführen. So wurde der Vertrag, das Grundinstitut des menschlichen Verkehrs, zum Grundinstitut des Rechts überhaupt. Sogar Staat, Kirche, Gesellschaft und Familie wurden auf ihn zurückgeführt. Es ist das Zeitalter der Auflösung aller Werte in Verkehrswerte, das Zeitalter der Schaffung der modernen Verkehrsgesellschaft. Darin aber liegt ebenso eine Verarmung und zugleich Denaturierung des Rechtsgedankens, wie in der konstruktiven Zurückführung der Phänomene der natürlichen Welt auf die Gesetze der reinen Mechanik eine Verarmung und Denaturierung des Erkenntnisproblems liegt.

Wir müssen demgegenüber wieder zurückgehen auf die rechtsphilosophischen Anschauungen des vorrationalistischen

Naturrechts, auf Aristoteles und auf das christliche Naturrecht, um zu erkennen, daß es neben der justitia commutativa auch noch andere Gerechtigkeitsprinzipien gibt, die der justitia distributiva, vindicativa usw.

Wenn darüber gestritten wird, was im einzelnen Falle gerecht ist, geht meist der Streit nicht um die Frage, was die einzelnen Gerechtigkeitsprinzipien, die Verkehrsgerechtigkeit oder die verteilende Gerechtigkeit verlangen; das ist relativ einfach zu sagen. Was Treu und Glauben mit Rücksicht auf die Verkehrssitte im einzelnen Falle erfordert, gilt mit Recht als so unmittelbar einzusehen, daß das Bürgerliche Gesetzbuch für das Gebiet des Verkehrsrechts den Richter auf diese allgemeinen Grundsätze der Verkehrsgerechtigkeit hinweisen konnte, wie das römische Recht mit dem Prinzip der fides bona getan hatte. Wir sind also gewöhnt, die Forderungen, die sich aus dem Prinzip der justitia commutativa ergeben, als so gesichert und gegeben anzusehen, daß man ihre Anwendung auf den Einzelfall dem Richter überlassen kann. Nicht anders liegt es bei den Forderungen, die sich aus den Prinzipien der justitia distributiva für den Verwaltungsrichter ergeben. Der Streit über das, was gerecht ist, geht daher meist gar nicht darum, was für Forderungen sich aus den einzelnen Gerechtigkeitsprinzipien ergeben, sondern um die Wahl des jeweils anzuwendenden Gerechtigkeitsprinzips und darüber, wie sie gegeneinander abzuwägen, welchem von ihnen im einzelnen Falle der Vorrang zu geben ist.

Auch die Großmächte haben auf der Pariser Friedenskonferenz behauptet und beansprucht, im Vertrage von Versailles ein der Gerechtigkeit entsprechendes Werk zu schaffen, und sie haben besonderen Wert darauf gelegt, dies in zahlreichen Noten zu begründen. Das Studium dieser Argumentationen ist von großem methodischen Interesse für die Problematik der Gerechtigkeitsidee und ihre Dialektik. Letztlich rechtfertigen sie ihr Werk aus dem Prinzip der strafenden Gerechtigkeit; und man wird zugeben müssen, daß unter diesem Gesichtspunkt die „Gerechtigkeit" des Versailler Vertrag unwiderlegbar ist. Wir können dem nur entgegenhalten, daß die Wahl dieses Gerechtigkeitsprinzips eine Ungerechtigkeit ist. Nicht nur weil die klagende Partei sich im Gegensatze zu allen Forderungen des „due process of law" selbst zum Richter machte, sondern auch weil es ein Wahnsinn war und ist, einen Friedensvertrag auf den Grundsätzen der strafenden Gerechtigkeit aufzubauen. Denn gerade das Institut, der Begriff des Friedens forderte, daß die Grundsätze der justitia distributiva und commutativa zur vollsten Geltung kommen. Die justitia vindicativa ist aber nicht nur mit dem Wesen des Friedens und einer Friedensordnung unvereinbar, sondern es ist überhaupt eine das Wesen der internationalen Ordnung zerstörende Anmaßung, auf das Verhältnis der Staaten untereinander das Gerechtigkeitsprinzip der justitia vindicativa anzuwenden. Das gilt als so selbstverständlich, daß die „Rechtfertigungsversuche" aus diesem Prinzip der Welt als Heuchelei erscheinen. Jedenfalls, auch bei der Diskussion über die Gerechtigkeit des Versailler Vertrages geht der Streit nicht darum, welche Forderungen sich im einzelnen aus einem bestimmten Gerechtigkeitsprinzip ergeben, sondern darum, welches Gerechtigkeitsprinzip Anwendung finden mußte.

Der zweite Irrtum des rationalistischen Naturrechts lag in der Ableitung der ganzen sittlichen Welt aus den Individuen und in deren Zurückführung auf die Individuen, ihre psychologische Eigenschaften oder auf ihre Utilität und Eudänomie. So wie die natürliche Welt zurückgeführt wird auf Atome und Moleküle und deren Gesetze, wie die Dinge aufgelöst werden in Relationen, so werden die Institute der sittlichen Welt, Staat, Ehe, Kirche, Eigentum, Vertrag aus individualistischer Psychologie und Utilität hergeleitet.

Demgegenüber gilt es wieder eine institutionelle Auffassung zur Geltung zu bringen, wie dies in Frankreich namentlich Maurice Hauriou gefordert hat, und die Phänomene der sittlichen Ordnung als objektive Institute der sittlichen Weltordnung zu begreifen, die ihre spezifische Gesetzlichkeit haben. Alle diese Institute haben ein ihnen eigentümliches τέλος, wie schon Stahl richtig gesehen hatte, eine ihnen eingeschaffenen Eigengesetzlichkeit, aus der sich unabhängig von allem geschriebenen Recht eine Fülle von Rechtssätzen ergibt, die der Richter zu finden und anzuwenden hat. Das geschriebene Recht selbst kann nicht umhin, ebenso wie wir das vorher bei dem Grundsatz von Treu und Glauben gesehen haben, auf diese Institute als solche zu verweisen als Quelle von Rechtssätzen und als letztes Prinzip für die richterliche Entscheidung: so wenn das Bürgerliche Gesetzbuch im Familienrecht auf „das Wesen der Ehe" verweist und demgemäß erwartet, daß der Richter aus ihm als ein seinem Gewissen gegebenen Institut Rechtssätze für den einzelnen Fall zu finden vermag. Aber auch wo das geschriebene Recht solche ausdrücklichen Verweisungen nicht enhält, schöpft der Richter aus dem Wesen der objektiven Institute, aus dem Eigentum, der Nachbarschaft, den einzelnen Treu- und Vertrauensverhältnissen die Normen für seine Entscheidungen. Ebenso lesen zahlreiche Entscheidungen der obersten Verwaltungsgerichte aus dem Wesen des Staates, der Autorität und Freiheit, gewisse Rechtssätze ab, die sie für den konkreten Einzelfall finden und zur Anwendung bringen. Sie setzen dabei voraus, daß diese Institute nicht von uns geschaffen sind, und daß, wenn der einzelne z. B. einen Vertrag schließt, eine Ehe eingeht, Eigentum erwirbt, er nur schöpferisch tätig ist in einem Rahmen, der bereits vorgezeichnet ist in der moralischen Ordnung, und unter dessen Gesetzen er steht, sobald er sich in diese Lebensverhältnisse stellt oder gestellt sieht. Ob wir wollen oder nicht, die Gesetzlichkeit dieser Institute ergreift uns und zwingt uns unter ihre Norm.

Dazu kommt ein Drittes, wofür das rationalistische Naturrecht blind war. Während die natürliche Welt uns gegeben ist und wir uns bei ihrer Erkenntnis darauf beschränken müssen, die in ihr enthaltenen Schöpfungsgedanken nachzuzeichnen, ist uns bei der Gestaltung der sittlichen Welt trotz des Institutionell-Objektiven, das ihr eigentümlich ist, eine aktive und schöpferische Rolle aufgegeben: wir haben die Institute mit unserm Geiste zu erfüllen. Jeder Generation ist die Aufgabe gestellt, ihren Geist in die Institute hineinzulegen, nicht, wie gesagt, in dem Sinne, daß sie es ist, welche die Institute erst schafft, sondern in dem, daß sie berufen ist, nicht nur diese Institute überhaupt zu realisieren, sondern sie mit ihren eigenen Legitimitätsvorstellungen zu erfüllen, in die ewigen Formen ihren eigenen Geist zu gießen, ihnen so eigentlich erst wirkliches Leben zu geben und so ein eigenes Kultursystem von individueller Werthaftigkeit zu schaffen.

Dies alles glaubte ich anführen zu müssen, um zu zeigen, wie viel komplizierter, problematischer, vielschichtiger der Begriff des Rechts und der Gerechtigkeit ist als wir uns dies klar zu machen geneigt sind. Für eine absolute Persönlichkeit ist das eine Einheit, was sich für uns diskursive und hier zugleich zur aktiven schöpferischen Tätigkeit berufene Wesen in die geschilderte Mannigfaltigkeit auseinanderlegt. Gerade diese Vielschichtigkeit aber beweist, warum sich die Idee der Gerechtigkeit nicht in abstrakte, allgemeine und sachliche Normen auflösen läßt, wie das rationalistische Naturrecht, der Boden auf dem der Gleichheitssatz erwachsen ist, annahm, sondern daß er nur durch gerechte und sittliche Persönlichkeiten erfüllt werden, und die Beurteilung, ob dies geschehen ist, nur durch sie geschehen kann. Nur eine solche Persönlichkeit vermag die schöpferische Tat zu tun, die erforderlich ist; nur sie kann unter den verschiedenen möglichen Gerechtigkeitsprinzipien wählen und sie gegeneinander abwägen; nur in ihrem Gewissen vermögen sich die Normen zu formen und zu offenbaren, die sich aus den gewählten Gerechtigkeitsprinzipien und aus dem Wesen der objektiven Institute ergeben; nur sie kann die Legitimitäts- und Wertvorstellungen der Zeit und der Volksgemeinschaft erfassen und weiterbilden; nur sie einen gegebenen Lebenstatbestand in seiner moralischen Gesetzlichkeit verstehen, in ihm das Wesentliche vom Unwesentlichen scheiden und ihn so nach den Normen der Gerechtigkeit beurteilen.

In dem Satze von der Gleichheit vor dem Gesetze sollten vor allem auch ganz bestimmte Legitimitätsvorstellungen zur Geltung gebracht werden: er sagt neben seiner Beziehung zu letzten Rechts- und Gerechtigkeitsfragen auch konkretere Dinge aus.

Im Gegensatz zu den Legitimitätsvorstellungen des Mittelalters, die sich in der mittelalterlichen ständischen Ordnung offenbarten, will der Gleichheitssatz zum Ausdruck bringen, daß die Rechtsordnung nicht nach Ständen, Klassen, Konfessionen, Volkstum, Rasse differenzieren darf. Er will die besondere Legitimität, die in dem Gedanken des homogenen Bürgertums liegt, sichern. Er enthält die Forderung, daß an diese gesellschaftlichen Differenzierungen keine gesetzlichen Differenzierungen geknüpft werden dürfen. So würde es dem Sinn des Artikel 109 widersprechen, ein Jesuitengesetz, ein Ansiedlungsgesetz für Posen und Westpreußen, ein Sozialistengesetz zu erlassen, wie jedes Gesetz, das Stände, Klassen, Konfessionen und Sprachgemeinschaften benachteiligt, mit dem Artikel 109 nicht vereinbar wäre.

So sieht man wieder, daß es sich um ein liberales Legitimitätsprinzip handelt. Die sozialistische Legitimitätsidee, die für alle die gleichen Rechte, gleich viel an Geld, Eigentum und anderem stabilieren will, ist in ihm nicht enthalten. Man könnte das vielleicht dahin formulieren, daß er nur die liberale Forderung der Gleichheit der Chancen für alle, nicht die sozialistische Forderung, daß für alle die gleichen materiellen Voraussetzungen zu schaffen sind, zum Ausdruck bringen will. Wohl ragen solche sozialistischen Elemente in unser rechtliches Denken selbst hinein; so wenn an einigen Stellen unserer Verfassung nicht nur die Gleichheit der Chancen, sondern auch die Gleichheit der materiellen Voraussetzungen gesichert werden sollte: z. B. in Artikel 121, der fordert, daß den unehelichen Kindern die gleichen Bedingungen für ihre leibliche, seelische und gesellschaftliche Entwicklung zu schaffen sind, wie den ehelichen Kindern; und ferner in den Artikeln 146 und 147, in denen der Satz aufgestellt wird, daß für den Aufbau des Schulwesens und die Aufnahme eines Kindes in eine bestimmte Schule die wirtschaftliche und gesellschaftliche Stellung der Eltern nicht maßgebend sein darf, und daß, soweit Privatschulen als Ersatz für öffentliche Schulen zugelassen sind, nicht eine Sonderung der Schüler nach den Besitzverhältnissen der Eltern gefördert werden darf; so endlich wenn der Versailler Vertrag der „Arbeit" einen besonderen Abschnitt widmet.

Bei dem liberalen Legitimitätsprinzip der Gleichheit der Chancen hat stets der gesellschaftlich oder wirtschaftlich Stärkere den Vorteil. Es entspricht der Ideologie des Bürgertums. Gerade darum hat es die Reaktion des sozialistischen Legitimitätsprinzips hervorgerufen. Es entspricht dem sozialen Einschlage in unsern liberalen Legitimitätsvorstellungen, den wir auch sonst vielfach, z. B. bei der Durchführung der Grundsätze von Treu und Glauben auf dem Gebiete des Verkehrsrechts, beobachten können, daß wir Differenzierungen zugunsten wirtschaftlich, gesellschaftlich oder politisch schwacher Klassen, Berufe, Konfessionen und Sprachgemeinschaften nicht als Verstoß gegen den Gleichheitssatz empfinden. In den Vereinigten Staaten von Amerika hat die höchstrichterliche Rechtsprechung von rein liberalen Legitimitätsvorstellungen aus früher vielfach soziale Schutzgesetze als verfassungswidrig für nichtig erklärt. Das entspricht nicht den Legitimitätsanschauungen unseres Volkes, wie sie insbesondere in dem Abschnitt unserer Verfassungsurkunde über die Grundrechte und Grundpflichten der Deutschen zum Ausdruck gekommen sind. Die Tatsache, daß die Legitimitätsanschauungen des Zeitalters und der deutschen Volksgemeinschaft in diesem Abschnitt bezeugt worden sind, macht ihn so wichtig für den Juristen, der aus ihm für die Auslegung zweifelhafter gesetzlicher Begriffe und für die Anwendung der Gerechtigkeitsprinzipien die letztlich maßgebenden und leitenden Gesichtspunkte selbst da ablesen kann und soll, wo die einzelnen grundrechtlichen Sätze kein unmittelbar aktuell geltendes Recht geschaffen haben. Als Zeugnisse für die auch den Richter bindenden Legitimitäts- und Wertauffassungen sind daher auch diese Sätze von praktisch juristischer Bedeutung.

Ich fürchte Ihre Geduld schon zu lange in Anspruch genommen zu haben und sehe mich daher genötigt über meine Thesen 5 und 6 zunächst hinwegzugehen, in der Hoffnung, daß sich bei der Diskussion Gelegenheit findet, auf die in ihnen enthaltenen Probleme einzugehen. Es muß mir vor allem noch darauf ankommen, über das vorhin zunächst beiseite gelassene Problem des richterlichen Prüfungsrechts zu sprechen. Nicht zuletzt, um meine Anschauungen hierüber darzulegen, war es nötig, die prinzipiellen Ausführungen über Recht und Gerechtigkeit zu machen.

Ich sagte bereits, daß ich grundsätzlich das richterliche Prüfungsrecht auch gegenüber Gesetzen bejahe, auch unter dem Gesichtspunkte, ob ein Gesetz mit dem Grundsatz der Rechtsgleichheit vereinbar ist. Aber ich leugne auf der andern Seite nicht, daß diesem richterlichen Prüfungsrecht gewisse im Wesen der richterlichen Stellung liegende Grenzen gezogen sind: das Prüfungsrecht darf natürlich nicht die gegebene Ordnung umstoßen, die zwischen Gesetzgeber und Richter obwaltet; der Richter muß sich vielmehr im Rahmen seiner spezifischen richterlichen Aufgaben halten und darf nicht spezifisch gesetzgeberische Aufgaben an sich reißen.

Dazu gehört zunächst und vor allem, daß der Richter nur die Verletzung gewisser äußerster Grenzen rügen, daß er sich nicht an die Stelle des Gesetzgebers stellen darf. Er darf auch bei den Fragen, die er zu prüfen befugt ist, nicht durch ein Alles-Besserwissenwollen das gesetzgeberische Ermessen beseitigen. Daß hierzu ein besonderer Takt gehört, dessen Normen sich nicht auf eine allgemeine Formel bringen lassen, versteht sich von selbst. Wie weit der Richter hierin zu gehen hat, hängt von mancherlei Faktoren ab: von den Anschauungen des Volkes und der Gesellschaft über die Stellung des Richters und des Gesetzgebers, von der gesellschaftlichen Stellung, die der Richter besitzt, von dem sozialen Ansehen, das der Richterstand genießt, von der Anzahl und der Auswahl der Richter, von seinem Selbstgefühl, ob er sich mehr als Beamter des Staates oder als Organ des Rechts fühlt, von dem Vertrauen, das der Richterstand in Volk und Gesellschaft zu erwerben vermag. Man mag in alledem labile Faktoren sehen, welche die Rechtssicherheit gefährden können. Aber wir können gewiß sein, daß sich gerade aus ihnen mit der Zeit eine feste Tradition herausbilden wird, wie dies auch in den Vereinigten Staaten und in der Schweiz geschehen ist. Auch das technisch durchgebildete Gesetz, wie es im Reichsgesetzblatt erscheint, schafft noch keine eigentliche Rechtssicherheit. Auch das Staatsgesetz wird nicht schon dadurch zum wirklich geltenden Recht, daß der autoritäre Verband es erläßt und sanktioniert. Erst die Praxis der Gerichte macht aus ihm wirklich geltendes Recht und beseitigt so – soweit dies überhaupt möglich ist – in allmählichem Aufbau die Rechtsunsicherheit. Solche Praxis und Tradition kann und wird sich auch beim richterlichen Prüfungsrecht herausbilden.

Um das Wesen und zugleich die Schranken dieses Prüfungsrechtes zu erkennen, dürfte es vor allem darauf ankommen, daß wir uns wieder darauf besinnen, daß die richterliche Tätigkeit der gesetzgeberischen nicht so scharf gegenübersteht, wie die Lehre von der Gewaltenteilung, auf der unsere positivistische Rechtswissenschaft aufgebaut ist, annimmt.

Der Gesetzgeber ist nicht Schöpfer des Rechts. Er hat weder die Begriffe des Darlehens, des Kaufs, der Ehe, des Eigentums, der Polizeigewalt, der Steuerhoheit, des öffentlichen Dienstes, der öffentlichen Anstalt geschaffen, noch auch die grundlegenden Rechtssätze, welche diese Institute konstituieren. Eine ganze Fülle von Rechtssätzen, die in keinem Gesetzbuche aufgezeichnet sind, gelten für diese Institute und werden vom Richter angewendet. Ja, auch wo es überhaupt an gesetzlichen Bestimmungen fehlt, besteht nicht etwa ein rechtsleerer Raum. Die Praxis hat sich oft ohne gesetzliche Bestimmungen helfen können, und es ist gut so gegangen. Es hat daher seinen guten Sinn, wenn der Gesetzgeber dem Richter den Vortritt läßt, oder, wie man zu sagen pflegt, gewisse Fragen der Praxis, d. h. der richterlichen Rechtsfindung, überläßt. Das zum größten Teil ohne die Krücken der Gesetzgebung aufgebaute deutsche System des internationalen Privatrechts ist vielleicht besser ausgefallen, als wenn es im Bürgerlichen Gesetzbuch selbst geregelt worden wäre. Alle diese bekannten Tatsachen bezeugen, daß gesetzgeberische und richterliche Tätigkeit nicht durch den Abstand, den die Lehre von der Gewaltenteilung annimmt, getrennt sind.

Wir machen uns überhaupt meist nicht klar, wie wenig auch auf kodifizierten Rechtsgebieten unsere Rechtsentscheidungen den geschriebenen und ausdrücklich vom Gesetzgeber formulierten Rechtssätzen entnommen sind. Das Meiste und Beste, vielfach das eigentlich Entscheidende entnehmen wir nicht den geschriebenen Rechtssätzen, sondern wir folgern es unmittelbar aus den für das Rechtsgebiet maßgeblichen Gerechtigkeitsprinzipien, aus dem Wesen der Institute, aus den Legitimitätsvorstellungen der Zeit und der Gemeinschaft, in denen wir leben. Dazu kommen noch die mancherlei Normen, die einen Niederschlag rein technischer Erfahrungen bilden: vom bonus pater familias zum gewissenhaften Kaufmann, ordentlichen Arzt, Spezialarzt, Turnlehrer, Frachtführer, Chauffeur usw., alles Abreviaturen für einen Inbegriff rationaler Sätze, die auch der Gesetzgeber nicht schafft, sondern voraussetzt. Man sieht: der Staat schafft nicht Recht, der Staat schafft Gesetze; und Staat und Gesetz stehen unter dem Recht.

Macht man sich alles dies einmal grundsätzlich klar, so ergibt sich für die besonderen Aufgaben, die gerade dem Gesetzgeber und nur ihm gestellt sind und die nicht zugleich richterliche Aufgaben sein können, sehr viel weniger als dies nach der

Lehre von der Teilung der Gewalten der Fall zu sein scheint. Es sind nur zwei spezifische Aufgaben, die dem Gesetzgeber unbedingt vorbehalten bleiben müssen und nicht richterliche Aufgabe sein können.

Das ist zunächst die Entscheidung über die Wahl der maßgeblichen Gerechtigkeitsprinzipien für die zu regelnden Lebensgebiete. So liegt z. B. in der Regelung der Probleme der Aufwertung unzweifelhaft ein radikaler Verstoß gegen die Prinzipien der Verkehrsgerechtigkeit, gegen die Grundsätze von Treu und Glauben im Verkehr. Aber der Gesetzgeber hat geglaubt, und wohl mit Recht geglaubt, diese Frage nach den Grundsätzen der justitia distributiva regeln und so eine andere Ordnung vornehmen zu müssen, wobei er die gesamte historische, politische, wirtschaftliche, finanzielle und soziale Lage des deutschen Volkes in internationaler und innerer Beziehung berücksichtigen mußte. An die Wahl dieses Gerechtigkeitsprinzips durch den Gesetzgeber ist der Richter gebunden.

Die zweite spezifische Aufgabe des Gesetzgebers ist die Schaffung der rechtstechnischen Formen und Normen. Während sich die erste Aufgabe auf die oberste Stufe im Aufbau des Gerechtigkeitsbegriffs bezieht, steht die zweite auf der untersten Stufe. Nur der Gesetzgeber kann statuieren, daß man mit 21 Jahren grundsätzlich volljährig wird, welche Formen für die Errichtung eines Testaments erforderlich sind, wie eine Erbschaftsregulierung, der Grundbuchverkehr usw. vor sich zu gehen haben. Auch die Schaffung dieser Art Rechtssätze ist naturgemäß dem Richter entzogen.

Aber alles, was zwischen dieser obersten und untersten Stufe liegt, die Entwicklung der Forderung der Verkehrsgerechtigkeit, der verteilenden Gerechtigkeit, der strafenden, der ausgleichenden Gerechtigkeit, des Rechtes der Not, – die Entwicklung der aus dem τέλος der Institute und objektiven Lebensverhältnisse folgenden Normen, – und endlich die Entwicklung der Legitimitätsvorstellungen der Gemeinschaft sind Aufgaben am Ausbau des Rechts, die Gesetzgeber und Richter gemeinsam sind; sie können von beiden wahrgenommen werden. Jedenfalls sind sie auch ausgesprochen richterliche Aufgaben, wie sie der Richter täglich zu üben gewöhnt ist.

Der Richter findet diese Normen zwar nur am einzelnen Fall und für den einzelnen Fall, aber zugleich mit Anspruch auf Allgemeingültigkeit; und darum schafft auch er im wirklichen Sinne des Wortes Recht; das Gesetz ist nicht die einzige Erscheinungsform des Rechts. Um auf den Grundsatz der Rechtsgleichheit hinzuweisen, ist der Richter jedenfalls befugt und befähigt, über der Einhaltung dieses Grundsatzes da zu wachen, wo die Legitimitätsvorstellungen der heutigen Kulturwelt aus der Idee des homogenen Bürgertums jede differenzielle Behandlung von Klassen, Ständen, Konfessionen, Volkstum usw. verlangen, zu deren Schutz insbesondere der Gleichheitssatz aufgestellt wurde. Dies Prinzip ist auch wieder in Artikel 73 Absatz 2 des Genfer Abkommens über Oberschlesien von Deutschland international bezeugt und bekräftigt worden.

Wenn man dem Richter diese Aufgaben gegenüber dem Gesetz zumutet, so entfremdet man ihn nicht von den ihm eigentümlichen Aufgaben, sondern man ermöglicht ihm nur das völlig zu tun, was seines spezifischen Amtes ist. Denn es macht das Wesen der richterlichen Tätigkeit aus, daß sie einen Bestand von rationalen Normen voraussetzt, die der Richter auf die einzelnen Fälle anwendet, gleichgültig, ob diese Normen im geschriebenen Recht ausdrücklich formuliert sind oder von diesem vorausgesetzt werden. Nur für die beiden genannten spezifisch gesetzgeberischen Aufgaben gibt es keine rationalen Normen; sie beruhen auf letzten, vom Richter nicht zu prüfenden Entscheidungen des Gesetzgebers.

Auch in dieser Einschränkung sind die dem Richter obliegenden Aufgaben nur von gerechten Richterpersönlichkeiten zu lösen, d. h. von Menschen, die ihr Rechtsgewissen ausgebildet haben und ein reines Gefäß sind. Wir sind – und darin sehe ich eine der Hauptmängel und Hauptgefahren unserer Zeit – viel zu sehr geneigt, die bloß rechtstechnische Bildung und Schulung zu überschätzen, ja juristische Bildung mit rechtstechnischer Fertigkeit gleichzusetzen und für die juristische Ausbildung der Studierenden in der Lehre und Übung dieser abstrakten Technik das alleinige Ziel des Rechtsunterrichts zu sehen. Mir scheint die Methode der Römer und der Angelsachsen, der beiden größten Rechtsvölker, die Seele des heranwachsenden Juristen an den großen Präjudizien der hervorragenden Juristenpersönlichkeiten zu bilden glücklicher und besser zu sein; nur das Studium von Entscheidungen, die eine große Juristenpersönlichkeit für den einzelnen Fall gefunden hat, ist geeignet, die Seele des künftigen Richters in dem zu bilden, was die Gerechtigkeit neben aller Technik fordert. Nur durch solche Bildung kann der heranwachsenden Generation das wieder zuteil werden, was wir heute schmerzlich vermissen, der Glaube an das Recht. Die bloß technische Rechtswissenschaft ist eine Hure, die für alle und zu allem zu haben ist. Man hat gesagt, daß jeder technisch gut ausgebildete Jurist im Grunde alles beweisen kann, und daß nur die anständigen unter ihnen von dieser Fähigkeit keinen Gebrauch machen. Es muß unsere Aufgabe als akademische Lehrer sein, der künftigen Richtergeneration neben dem rein Technischen vor allem immer wieder die ethischen Werte vor Augen zu führen, die im Rechte und im Dienste am Rechte liegen, und sie immer wieder zu lehren, daß nur eine ethische Persönlichkeit ein guter und gerechter Richter sein kann. Es muß in ihnen immer wieder das Gefühl lebendig gemacht werden, daß sie bei jeder Entscheidung, die sie treffen, im Dienste ewiger Werte stehen, daß sie bei allem, was sie tun, mitberufen sind zum Bau an einer Welt, an einer materiellen Ordnung, die der Idee der Gerechtigkeit entspricht, und daß sie dazu nur fähig sind, wenn sie sich selbst erziehen zu Persönlichkeiten, die mit ihrem innersten Kern im Ewigen wurzeln.

1a. Leitsätze des Hauptberichterstatters.

1. *Der Grundsatz der Gleichheit vor dem Gesetze bezieht sich nicht nur auf die Rechtsanwendung, sondern auch auf die Gesetzgebung.*
2. *Der Grundsatz der Rechtsgleichheit ist so allgemein formuliert, daß er für Reich und Länder gilt.*
3. *Der darin liegende Unitarismus entspricht sowohl den Realitäten wie den Bedürfnissen und Notwendigkeiten des einheitlichen, von denselben Rechtsanschauungen beseelten deutschen Volkes.*
4. *Die Unterscheidungen des Gesetzgebers müssen dem inneren Wesen der Ordnung des betreffenden Lebensverhältnisses gerecht werden.*
5. *Es muß bei der Ausgestaltung der materiellen Norm und der zu ihrer Durchführung bestimmten organisatorischen und Verfahrensnormen für ausreichende Garantien gegen eine ungleiche Anwendung gesorgt sein.*
6. *Der Grundsatz der Rechtsgleichheit setzt gewisse allgemeine Grundsätze voraus, die ihm übergeordnet und daher als in ihm eingeschlossen anzusehen sind.*
7. *Grundsätzlich besteht ein richterliches Prüfungsrecht, ob der Grundsatz der Rechtsgleichheit von dem Gesetzgeber und von den rechtsanwendenden Behörden beobachtet ist.*
8. *Der Richter muß sich hierbei im Rahmen seiner spezifisch richterlichen Aufgabe halten und darf nicht spezifisch gesetzgeberische Aufgaben an sich reißen.*
9. *Der Richter darf nur die Verletzung gewisser äußerster Grenzen rügen.*

10. *Sein Prüfungsrecht setzt einen Bestand von ungeschriebenen rationalen, spezialisierten und technischen Normen voraus.*
11. *Die spezifisch gesetzgeberische Tätigkeit liegt in der Entscheidung über die Wahl der maßgeblichen Gerechtigkeitsprinzipien und in der Schaffung rechtstechnischer Formen.*
12. *Die Durchführung und die am Einzelfall orientierte Entwicklung und Ausgestaltung der vom Gesetzgeber gewählten Gerechtigkeitsprinzipien und der Legitimitätsvorstellungen der Gemeinschaft ist eine spezifisch richterliche Aufgabe.*

2. Die Gleichheit vor dem Gesetz im Sinne des Art. 109 der Reichsverfassung.

Mitbericht von Professor **Dr. Hans Nawiasky** in München.

I.

Die Leitsätze Erich Kaufmanns habe ich nur ungefähr neun Stunden früher als die Herren Anwesenden erhalten und dazu einige Aufklärungen aus dem Munde des Verfassers. Aber ich besitze nicht die unverwüstliche Urkraft des Herrn Hauptberichterstatters, dem etwas gelungen ist, was Friedrich der Große nicht erreicht hat, nämlich im Dienste der Allgemeinheit ungestraft auf den Schlaf fast gänzlich verzichten zu können. Daher fehlte mir einfach die physische Zeit, den Gedankengang meines Berichtes in der Weise umzustellen, daß ich betonen könnte: Soweit gehe ich mit Kaufmann, von hier ab trennen sich unsere Wege.

Aber auch wenn ich die nötige Zeit gehabt hätte, hätte ich es gleichwohl nicht getan. Denn es wäre so ein ganz falsches Bild entstanden. Die Ergebnisse, zu denen wir beide gelangen, sind vielleicht gar nicht so verschieden wie der Weg, die Methode. Gerade die Methode ist hier aber von grundsätzlicher Bedeutung.

Ich will das, um was es sich handelt, mit einigen Schlagworten andeuten: Kaufmann ist Idealist, d. h. Naturrechtler, ich bin Skeptiker, d. h. Positivist, vielleicht ein noch nicht ganz erledigter. Für Kaufmann bilden Recht und Ethik in gewissem Sinn eine Einheit, für mich sind sie eine Zweiheit. Für ihn ist das Recht das Prius, an dem das Gesetz gewisse größere oder kleinere, mehr kleinere Veränderungen vornimmt; für mich ist das Gesetz das Prius, aus dem das Recht abgelesen wird.

Diese Wegverschiedenheit muß in unseren Berichten Ausdruck finden. Kaufmann hat Sie in einem Gedankenflugzeug bis an die Höchstgrenze der atemfähigen Luft geführt. Ich muß Sie bitten, mit mir eine Fußwanderung anzutreten. Vielleicht sind die Stationen, die wir machen, mindestens zum Teil dieselben.

II.

Wenn wir die Geschichte des Verfassungssatzes über die Gleichheit vor dem Gesetz auf eine ganz kurze Formel bringen wollen, kann man folgendes sagen:

Am Ende des 18. und Beginn des 19. Jahrhunderts bedeutete der Satz die Abschaffung der Standesvorrechte, also etwa Rechtsgleichheit in subjektiver, persönlicher Beziehung, Mitte des 19. Jahrhunderts daneben oder an dessen Stelle Gleichheit der Rechtsanwendung, Anfang des 20. Jahrhunderts meldet sich die Auffassung als Rechtsgleichheit in objektiver sachlicher Beziehung zum Wort.

Diese drei historisch aufeinander folgenden Auffassungen repräsentieren zugleich die drei gegenwärtig nebeneinander vertretenen Ansichten, mit denen wir uns heute auseinander zu setzen haben. Andererseits sind sie ein klassisches Beispiel für den tatsächlichen oder möglichen Bedeutungswandel eines in wenige Worte gekleideten Rechtssatzes.

Aus der letzteren Feststellung soll sofort eine Folgerung gezogen werden, und zwar nicht um einen neuen Diskussionspunkt anzuschneiden, sondern um einen bereits in die Erörterung geworfenen abzuschneiden. Ebensowenig wie aus geschichtlich voneinander entfernten Rechtszuständen Auslegungsgesichtspunkte gewonnen werden können, ist es zulässig, aus staatlieh getrennten Rechtsordnungen Schlüsse aufeinander zu ziehen. In beiden Richtungen gilt natürlich der Vorbehalt eines Nachweises unmittelbarer geistiger Zusammenhänge, historisch etwa so, daß ein Bedeutungswandel nicht Platz gegriffen hat, in räumlicher Beziehung, daß eine Übernahme erfolgt ist. Aber wenn solche besonderen Umstände nicht vorliegen, ist die Auffassung selbst eines wortgleichen Satzes in dem einen historisch oder staatlich individualisierten Rechtsgebiet für die Auffassung in dem anderen Bereich an sich bedeutungslos.

Ein besonders drastisches Beispiel für diesen Sachverhalt soll angeführt werden. Als man sich in Österreich darum bemühte, von dem veralteten unendlich schleppenden schriftlichen Prozeß der allgemeinen Gerichtsordnung vom Jahre 1781 loszukommen und sich in Ländern mit einer neuzeitlichen Verfahrensgestaltung umsah, kam man auch auf Belgien, woselbst ein allen Anforderungen der Gegenwart voll entsprechender Zivilprozeß gehandhabt wurde. Eine Prüfung der gesetzlichen Grundlagen dieses Verfahrens ergab nun zur allergrößten Überraschung, daß die gleiche allgemeine Gerichtsordnung aus den Zeiten der Zugehörigkeit zu Österreich her die Basis bildete. So war durch verschiedene Anwendung desselben Gesetzes in räumlich und kulturell getrennten Gebieten ein vollkommen abweichender Rechtszustand herbeigeführt worden. Was sollte man danach von den im Leben maßgebenden Rechtsgedanken in dem einen Geltungsbereich auf die Verhältnisse in dem anderen schließen können? Offenbar nicht das mindeste.

Aus diesem Grunde glaube ich jenen höchst interessanten, ja verführerischen Versuchen nicht folgen zu dürfen, die aus der schweizerischen oder nordamerikanischen Rechtspraxis in bezug auf den verfassungsmäßigen Gleichheitssatz Konsequenzen für unser Recht gezogen haben. Dasselbe muß aber auch für die neueste Entwicklung der völkerrechtlichen Judikatur auf dem Gebiete des für uns Deutsche so unendlich wichtigen Minderheitenrechtes gelten. Wenn dort die Gleichheit vor dem Gesetz, die in den Minderheitsschutzbestimmungen eine so große Rolle spielt, ihre praktische Bedeutung wesentlich verlieren würde, falls die Gesetzgebung des Wirtsvolkes sich darüber hinwegsetzen könnte, und wenn daher aus dem völkerrechtlichen Ideenkreise heraus die Bindung des nationalen Gesetzgebers an die international festgelegte Rechtsgleichheit gefolgert werden muß, so wage ich daraus für die Auslegung unseres innerstaatlichen Rechtes keine Konsequenzen zu ziehen, möchten diese mir nun für meine Zwecke sympathisch oder antipathisch erscheinen.

III.

So sind wir m. E. für die Auslegung der Art. 109 RV. von vornherein auf unser Recht und zwar unser geltendes Recht angewiesen. Unsere Aufgabe ist — vorläufig formuliert — zu prüfen, welche der drei oben in groben Strichen angedeuteten Auffassungen des Art. 109 als richtig angesehen werden muß:

Das Thema muß übrigens noch schärfer dahin abgegrenzt werden, daß es sich um den ersten Absatz des Art. 109 handelt. Die weiteren Absätze werden zwar eine Rolle spielen, aber nur als Hilfsmittel der Auslegung des ersten Absatzes, nicht als eigentlicher Untersuchungsgegenstand. Diese Bescheidung ist wohl als sehr zweckmäßig zu begrüßen, da sie die größte geistige Konzentration auf einen ganz kleinen unscheinbaren Satz von nur sieben Worten ermöglicht, dessen Bedeutung allerdings rechtstheoretisch als grundlegend bezeichnet werden kann.

Das hat sich dieser Satz in seiner Geburtsstunde allerdings nicht träumen lassen. Damals hat er eine höchst bescheidene Rolle gespielt. Wäre es Aufgabe der Weimarer Versammlung oder ihres Verfassungsausschusses gewesen, die Tagesordnung der Vereinigung der deutschen Staatsrechtslehrer zu bestimmen, auf den ersten Absatz des Art. 109 wäre damals niemand verfallen. Denn dieser Satz erschien so wenig problematisch, daß der Berichterstatter im Ausschuß Professor Beyerle sich mit den Worten begnügte: „Er ist ein alter Satz, den alle früheren Grundrechte enthalten haben" (vgl. Verhandlgn. d. RT. Bd. 336 S. 370).

Alte vornehme Abkunft schließt jugendliche Lebenskraft nicht aus, wenn sie auch nicht immer erwartet zu werden pflegt. So war es bekanntlich bei unserem Art. 109 I. Abs. Kaum waren die ersten Jahre eines vegetativen Daseins vorüber, erregte der Artikel die Aufmerksamkeit jener Kreise der Wissenschaft und höchstrichterlicher Praxis, die danach Umschau hielten, ob nicht der schrankenlos dünkenden Gewalt der Parlamentsmehrheit gewisse Grenzen gezogen werden könnten oder vielleicht, noch nicht bemerkt bzw. erkannt, gezogen seien. Auf diese Weise wurde der Artikel in einen Zusammenhang von allergrößtem aktuellem politischem und verfassungsrechtlichem Interesse einbezogen, er trat in Berührung mit einem der Grundprobleme des gegenwärtigen Staates.

Aber nicht nur vom inhaltlichen materiellen Standpunkt aus, sondern auch in methodischer Beziehung bietet die Betrachtung des Art. 109 einigen Reiz. Wir haben es mit einer Frage der Rechtsauslegung zu tun, also mit einem Thema, das bekanntlich bei der Rechtsanwendung beginnt, über die Rechtsfindung führt und bei der Rechtsschaffung endet. Ich will mich indeß auch hier aus Rücksichten der Ökonomie und Konzentration mit diesem Hinweis begnügen und der Versuchung widerstehen, erst in eine systematische Prüfung der Waffen einzutreten, mit denen der Kampf um die Tragweite des Art. 109 geführt werden muß. Gelegentlich wird bei Anwendung der Waffen ohnedies auf ihre Prüfung zurückzukommen sein.

IV.

Hält man sich an die ältere Lehre, so beginnt jede Auslegung mit der Prüfung des Wortlauts. Hier müssen wir sofort feststellen, daß wir nicht weiter kommen können. Denn unser Satz enthält ein Bild. Alle Deutschen werden mit dem Gesetz konfrontiert.

Was ist der Sinn dieses Bildes? Wie haben wir den Satz logisch zu interpretieren? Hier ist Vorsicht am Platz. In der Literatur wird häufig so verfahren, daß die Möglichkeit des einen Sinnes festgestellt und daraus unmittelbar auf die Unmöglichkeit der anderen Bedeutungen geschlossen wird. Es leuchtet ein, daß dieser Schluß verfrüht ist.

„Alle Menschen sind vor dem Gesetze gleich“ — die kleine Änderung brauche ich vor diesem Forum nicht zu begründen — erinnert unwillkürlich an den Satz „Alle Menschen sind vor Gott gleich“. D. h. die über den Menschen stehende Autorität — hier Gott, dort das Gesetz — macht zwischen ihnen keinen Unterschied, erkennt ihnen gleiche Stellung, gleichen Wert zu. Dieser Satz ist zunächst eine Aussage, keine Norm. Soll aus ihm eine Norm werden — und nur dann kann er rechtliche Bedeutung haben — so ist zweierlei möglich. Entweder man deutet den Indikativ in einen Imperativ um. Bezüglich der Gottheit ist das unsinnig. Nicht dagegen bezüglich des Menschenwerks, des Gesetzes. Der gewöhnliche Sprachgebrauch verfährt häufig so. Die erste Armee greift um 5 Uhr 15 früh die Höhenkote 312 an. Ebenso die Rechtssprache: „Wer eine fremde bewegliche Sache einem andern in der Absicht wegnimmt usw. wird bestraft.“ Also kann unser Satz bedeuten: Alle Deutschen sollen vor dem Gesetze gleich sein, das Gesetz hat keinen Unterschied zwischen ihnen zu machen.

Diese Formulierung verweist zunächst auf ein Verbot subjektiver Differenzierung. Es sollen alle persönlichen Unterschiede zwischen den Staatsbürgern beiseite gelassen werden — so habe ich es wohl als einer der ersten in den „Grundgedanken der Reichsverfassung“ 1920 S. 128 formuliert — es sollen keine individuellen Bevorzugungen oder Benachteiligungen erfolgen (Bayer. Verf.Recht S. 261). Eine Ungleichheit kann aber auch dadurch herbeigeführt werden, daß gleichartige Tatbestände mit ungleichen Rechtsfolgen bedacht werden. Das trifft dann mittelbar die Beteiligten, indem ihre Rechtslage voneinander abweicht.

Die andere Möglichkeit von dem Indikativ der Formulierung des Gleichheitssatzes auf einen Imperativ, eine Norm zu kommen, besteht darin, daß man ihn als Prämisse einer unausgesprochenen Folgerung auffaßt. Alle Deutschen sind vor dem Gesetze gleich; also haben sie auch vor dem Gesetzanwender gleich zu sein.

Es wäre kleinlich darüber zu streiten, zu welchem der drei Ergebnisse man ungezwungener, unmittelbarer kommt. Man wird vielmehr sagen können, daß alle drei Auslegungen als gleichberechtigt angesehen werden können. Das bedeutet aber, daß auch die logische Interpretation unseres Satzes, wenn man ihn isoliert betrachtet, unsere Zweifelsfragen nicht beantwortet.

Hier muß noch eine Erwägung eingeschaltet werden. Es wurde früher davon gesprochen, daß unsere Aufgabe in der Prüfung besteht, welcher der drei vertretenen Auffassungen der Vorzug gebührt. Logisch scheint also eine Alternative vorzuliegen: Entweder hat der Satz den Sinn a oder b oder c. Die Gesetzessprache ist nun -- häufig genug — merkwürdig unlogisch. Es mag an ihrem Bestreben nach möglichster Knappheit liegen. Eine Gesetzesformel hat oft zwei oder mehrere Bedeutungen, die zwar etwas verschiedenes besagen, aber gleichwohl nebeneinander bestehen können. Dann lassen sich aus einer Wortformel zwei oder mehrere Normen herausholen. Das BGB. bietet massenhaft Beispiele hierfür. Noch mehr aber das Verfassungsrecht. Belege dafür beizubringen, hieße Eulen nach Athen tragen. Worauf es hier ankommt, ist nur, daß die im Wortlaut des Art. 109 potentiell enthaltenen Rechtssätze denkbarerweise aktuell nebeneinander, sei es zu zweit sei es zu dritt Anspruch auf Geltung besitzen könnten.

V.

Diese Überlegung muß im Auge behalten werden, wenn wir uns, da die isolierende Methode der Interpretation versagt hat, nun der systematischen Auslegung zuwenden, d. h. versuchen, aus dem Gesamtinhalt unserer geltenden Rechtsordnung den genauen Sinn ihres uns interessiernden Bestandteils zu ergründen. Das Problem vereinfacht sich von vornherein wesentlich dadurch, daß es sich um einen Verfassungssatz handelt und wir daher nur das Verfassungsrecht zu Rate ziehen müssen, das fast ausnahmslos in unserer jungen Verfassung vereinigt ist.

Wenn wir demgemäß die Reichsverfassung auf die Bedeutung des Art. 109 I examinieren, müssen wir davon ausgehen, daß von Gleichheit einmal in den übrigen Absätzen des Art. 109, dann aber an zahlreichen anderen Stellen der Verfassung gehandelt wird.

Zunächst Art. 109 selbst. Sein Inhalt besteht zum großen Teil aus unmittelbar geltenden Rechtssätzen: So die Deklassierung des Adels zum Namensbestandteil und das Verbot seiner Verleihung, das Verbot der Verleihung anderer als Berufs -und Amtstitel und akademischer Grade, das Verbot der Verleihung von Orden und Ehrenzeichen und der Annahme ausländischer Titel und Orden. Weiter enthält der Artikel Rechtsgrundsätze mit der bekannten Wirkung: die Gleichheit der staatsbürgerlichen Rechte und Pflichten von Männern und Frauen, die Aufhebung öffentlich-rechtlicher Vorrechte oder Nachteile der Geburt und des Standes.

Wenn man von Einzelheiten absieht, handelt es sich hier einmal um die Beseitigung von früher vorhandenen Differenzierungen öffentlich-rechtlicher Natur, sei es durch Ausdehnung der Rechtsfähigkeit, sei es durch Abschaffung von Rechtsinstituten, ferner um das Verbot von Ehrenauszeichnungen, die gesellschaftlich differenzierend wirken. Es wird also in weitgehendem Maße Raum für publizistische Rechtsgleichheit im persönlichen Sinn auf dem Gebiet des Reichs- und Landesrechts geschaffen. Dagegen kommt weder Rechtsgleichheit im sachlichen Sinn noch Rechtsanwendungsgleichheit in Frage.

VI.

Die anderen Artikel der Reichsverfassung werden am besten nach inhaltlichen Gesichtspunkten gruppiert.

Auf dem Gebiet der politischen Rechte und auf damit verwandten Gebieten sind hervorzuheben: das breite Reichstagswahlrecht der beiden Geschlechter unter Gleichstellung der über 20jährigen und Sicherung gleichen Stimmgewichts durch das Verhältniswahlsystem (Art. 22), die ähnliche Ordnung des Landtags- und Gemeindewahlrechts (Art. 17), das Wahlrecht für die Reichspräsidentenwahl (41 I), das Stimmrecht bei der Volksgesetzgebung (73—76), bei Gebietsänderungen (18) und bei Entscheidung über die Absetzung des Reichspräsidenten (43 II), das Petitionsrecht (126), die gleiche Zulassung zu den öffentlichen Ämtern (128 I), die Beseitigung der Ausnahmebestimmungen gegen weibliche Beamte (128 II), das gleiche Versammlungs- und Vereinigungsrecht einschließlich der Erlangung der Rechtsfähigkeit (123, 124) unter Ausdehnung auf die öffentlichen Beamten (130 II), die gleiche Pflicht zur Übernahme von Ehrenämtern (132) und zum öffentlichen Zwangsdienst (133).

Es handelt sich auf diesen Gebieten zum Teil um unmittelbare Rechtssätze, zum Teil um Rechtsgrundsätze, teilweise vielleicht auch um rechtlich wirkungslose Programmsätze. In allen Fällen geht die Absicht auf Rechtsgleichheit im persönlichen Sinn, indem jede dem widersprechende Differenzierung ausgeschlossen wird. Bei Art. 128 I ist daneben auch Rechtsanwendungsgleichheit normiert, so daß hier ein zweifelsfreies Beispiel für die doppelte Richtung eines Gleichheitsartikels gegeben ist. Eine Rechtsgleichheit im sachlichen Sinn dagegen könnte höchstens in der Gleichheit des Stimmgewichts nach dem Verhältniswahlsystem gefunden werden.

Einige Fragen könnten noch auftauchen. Einmal: Im Gegensatz zu den meisten deutschen Landesverfassungen enthält die Reichsverfassung zwar Vorschriften über das Wahlrecht, aber nicht über das Stimmrecht abgesehen von Art. 18. Hier könnte sich nun die heute wohl theoretische Frage erheben, ob die einfache Gesetzgebung von der Rechtsgleichheit abweichen dürfte. Der Hinweis auf Art. 1 II: „Die Staatsgewalt geht vom Volke aus“ würde angesichts der positiven Normierung der Wahlrechtserfordernisse in anderen Verfassungsartikeln nicht verfangen. Müßte hier nicht der Art. 109 I in die Bresche springen? Er könnte dies zweifellos, wenn man ihn im Sinne einer verfassungsmäßigen Gewähr der persönlichen Rechtsgleichheit auffaßt.

Eine weitere Frage: Die Reichsverfassung schreibt nichts über andere Landeswahlen als jene zur Volksvertretung und den Gemeindevertretungen vor. Könnte das Landesrecht bezüglich der weiteren Kommunalvertretungen, der Bürgermeister, eines Staatspräsidenten ein abgestuftes Wahlrecht schaffen? Entsprechendes gilt vom Stimmrecht. Dann das passive Wahlrecht! Will man solches für unzulässig erklären, so muß man wieder auf die in Art. 109 I gewährleistete persönliche Rechtsgleichheit rekurrieren.

In negativer Richtung möchte ich noch bemerken, daß der Art. 110 II, der jedem Deutschen in jedem Lande des Reichs die gleichen Rechte und Pflichten wie den Landesangehörigen sichert, unmittelbar nur im Sinne der Rechtseinheit, nicht der persönlichen Rechtsgleichheit zu werten ist. Denn der Artikel enthält nichts über die Rechtsgleichheit der Landesangehörigen selbst. Will man diese als reichsverfassungsmäßig postulieren, so kann wieder nur Art. 109 I aushelfen. Doch greift diese Frage bereits über das Gebiet der politischen Rechte hinaus.

Ein weiterer Komplex von uns interessierenden Verfassungsrechtssätzen betrifft das wirtschaftlich-soziale Gebiet. Gerade hier hat bekanntlich die Reichsverfassung aus den Verhältnissen ihrer Entstehung heraus die Gelegenheit wahrgenommen, neue Gedanken in Gesetzesartikel zu gießen. Wieweit kommt dabei der Gleichheitsgedanke zur Geltung?

Als rechtlich bedeutungslose Programmsätze seien vorweg ausgeschaltet Art. 151 I S. 1 über die Ordnung des Wirtschaftslebens nach den Grundsätzen der Gerechtigkeit mit dem Ziele der Gewährleistung eines menschenwürdigen Daseins für alle, 155 I über die Bodenverteilung mit der Aufgabe, jedem Deutschen eine entsprechende Wohnheimstätte zu sichern, 156 II über die Zwangssyndizierung unter Mitwirkung aller schaffenden Volksteile usw., 162 über das internationale Arbeitsrecht mit seinem allgemeinen Mindestmaß sozialer Rechte, 163, der nach einer Abschweifung in das hohe Reich der Ethik jedem Deutschen eine Art von Recht auf Arbeit oder als Ersatz ein Recht auf notwendigen Unterhalt verspricht.

Von den Sätzen, denen Rechtserheblichkeit zukommt stehen in einem engeren Zusammenhang mit der Aufhebung der Standesvorrechte die beiden Rechtsgrundsätze in Art. 155 II S. 2: „Die Fideikommisse sind aufzulösen" und z. T. auch in Art. 155 IV S. 2: „Private Regale sind im Wege der Gesetzgebung auf den Staat zu überführen".

Neues soziales Recht im Sinne der Gleichstellung von Arbeitnehmern mit den Arbeitgebern finden wir in Art. 159 betreffend die Koalitionsfreiheit, in Art. 160 betreffend die Gewährung der zur Wahrnehmung staatsbürgerlicher Rechte und mit gewissen Beschränkungen sogar öffentlicher Ehrenämter erforderlichen freien Zeit. In Zusammenhang damit steht die verfassungsmäßige Festlegung der Reichstagswahl auf einen Sonntag oder öffentlichen Ruhetag (Art. 22 I S. 2). Weiter ist hier der ominöse, in seinen Grenzen so schwer zu bestimmende Art. 118 I S. 2 anzuführen der bezüglich des Rechts der freien Meinungsäußerung sagt, daß an dessen Ausübung kein Arbeits- oder Angestelltenverhältnis hindern und daran keine Benachteiligung anschließen darf. Schließlich ist der wirtschaftliche Räteartikel 165 anzuführen, insofern er einerseits die freien Organisationen der Arbeitgeber und Arbeitnehmer und ihre Vereinbarungen anerkennt und andererseits den Arbeitnehmern eine gesetzliche Vertretung gegenüber der privaten Betriebsleitung und in den offiziellen wirtschaftlich sozialen Verwaltungskörpern einräumt.

Der Grundgedanke, der in all diesen Sätzen zum Ausdruck kommt, ist zweifellos die Beseitigung der Ungleichheit der wirtschaftlich-sozialen Stellung der Arbeitnehmerklasse wie ihrer einzelnen Angehörigen einerseits und der Stellung der Arbeitgeber andererseits. Es handelt sich also um Rechtsgleichheit im persönlichen Sinn. Einzelne Bestimmungen (118 I S. 2, 159 S. 2) betreffen auch die Rechtsanwendung. Die Rechtsgleichheit in sachlicher Beziehung dagegen spielt keine ersichtliche Rolle.

Was die übrigen Bestimmungen über das Wirtschaftsleben anbelangt, so ist unmittelbar von dem Gleichheitsprinzip bei ihnen keine Rede. Aber unter dem Gesichtspunkt der Freiheit kann mittelbar die Frage der Gleichheit aufs Tapet kommen. Denn wenn die Freiheit des Handels und Gewerbes nach Art. 151 III, die Vertragsfreiheit nach 152 I, die Freizügigkeits-, Aufenthalts-, Niederlassungsfreiheit und die des Grunderwerbs nach Art. 111, die Freiheit des Eigentums nach 153 unter Vorbehalt gesetzlicher Einschränkungen ausgesprochen ist, so könnte der Gedanke auftauchen, auf dem Umweg über diese Ausnahmen Differenzierungen persönlicher Art durchzuführen. Die Unzulässigkeit solchen Verfahrens ließe sich nur aus einem verfassungsrechtlichen Gleichheitssatz begründen. Daß man hier mit dem Gebot der Aufhebung öffentlich-rechtlicher Vorrechte und Nachteile der Geburt oder des Standes nach Art. 109 III und dem daraus ableitbaren Verbot ihrer Neubegründung sowie mit der später zu erwähnenden Religionsgleichheit nach 136 I nicht alle Möglichkeiten decken kann, ist leicht anzusehen. Welche andere Waffe bleibt dann aber als der Art. 109 I, im Sinne der persönlichen Rechtsgleichheit aufgefaßt?

Zum sozialen Gebiet im weiteren Sinn gehört das Familienleben. Die Reichsverfassung erwähnt in diesem Zusammenhang bekanntlich die Gleichberechtigung der beiden Geschlechter (119 I S. 1) und die Schaffung gleicher Entwicklungsbedingungen für uneheliche und eheliche Kinder. Beides sind wohl Programmsätze, ihrem Inhalt nach ebenfalls auf persönliche Rechtsgleichheit gerichtet.

Das dem sozialen verwandten Gebiet des Nationalen behandelt Art. 113, der neben gleicher Rechtsanwendung auch gleiche Gesetzgebung in gewissen näher umschriebenen Richtungen freilich wieder als Programm vorsieht. Der Sache nach handelt es sich hierbei in erster Linie um persönliche Rechtsgleichheit, in zweiter Linie aber auch vielleicht in beschränktem Umfang um sachliche Rechtsgleichheit.

In religiöser Beziehung verkündet Art. 136 I und II die Gleichheit der bürgerlichen und staatsbürgerlichen Rechte und der Ämterfähigkeit; die gleiche religiöse Vereins- und Vereinigungsfreiheit wird in Art. 124 I S. 3 und 137 II, die gleiche religiöse Verwaltungs- und Ämterautonomie in 137 III, die gleiche Fähigkeit zum Erwerb der Rechtsfähigkeit in 137 IV, die Gleichberechtigung in bezug auf die Verleihung öffentlicher Korporationseigenschaft in 137 V, die Gleichstellung von Weltanschauungs- und religiösen Gemeinschaften in 137 VII vorgesehen. Überall handelt es sich hierbei um geltende Rechts- oder Rechtsgrundsätze, inhaltlich um persönliche Rechtsgleichheit, wobei je nachdem das Individuum oder soziale Gebilde in Betracht kommen.

Auf dem Gebiet des Schulwesens findet das Gleichheitsprinzip Anwendung in bezug auf die Lehrerbildung und die rechtliche Stellung der Lehrer (143 II und III), in bezug auf die Schulorganisation durch Einführung der gemeinsamen Grundschule (146 I), durch Aufhebung der privaten Vorschulen (147 III), die Einschränkung privater Volksschulen (147 II), den Ausschluß sonstiger Privatschulen als Ersatz für öffentliche, falls sie die Sonderung der Schüler nach den Besitzverhältnissen der Eltern fördern (147 I S. 2), in bezug auf den Schulbesuch durch Normierung der gleichen Schulpflicht (145 I), Unentgeltlichkeit der Lernmittel in Volks- und Fortbildungsschule (ebenda), Ausschluß der Berücksichtigung der wirtschaftlichen und gesellschaftlichen Stellung der Eltern bei Aufnahme der Kinder (146 I S. 2), Verheißung öffentlicher Mittel zur Unterstützung Minderbemittelter beim Besuch der mittleren und höheren Schulen (146 III). Alle diese Sätze, die teilweise unmittelbar geltendes Recht schaffen, teils Grundsatzbestimmungen, teils Programmsätze aufstellen, sind von dem Gedanken der Beseitigung oder Abmilderung der Klassenunterschiede getragen. Was im besonderen die Ergänzung der Rechtsgrundsätze durch unmittelbar bindende Normen reichs- oder landesrechtlicher Natur anbetrifft, so kommt auch hier das Bedürfnis in Frage, für die Sicherung individueller persönlicher Gleichheit eine Stütze in einem allgemeinen Gleichheitssatz zur Verfügung zu haben.

Als letzte Materie seien diejenigen Bestimmungen ins Auge gefaßt, die die persönliche Rechtsstellung der einzelnen behandeln, soweit ihrer nicht schon in anderem Zusammenhang die Rede war.

Hierher gehören zunächst gewisse Sätze über die Einrichtung des Justizwesens: vor allem das Verbot der Ausnahmegerichte und der Entziehung des gesetzlichen Richters (105 S. 1 und 2). Diese Verbote dienen in hervorragendem Maße der persönlichen Rechtsgleichheit. Dann die Aufhebung der Militärgerichtsbarkeit außer für Kriegszeiten und Kriegsschiffe (106) und der militärischen Ehrengerichte (105 S. 4); hierbei handelt es sich ebenfalls um Gesichtspunkte sozialer Natur.

Weitere einschlägige Vorschriften sind im ersten Abschnitt der Grundrechte enthalten. Zu erwähnen ist das Auswanderungsrecht (112 I), das Recht auf Schutz gegenüber dem Ausland (112 II), das Verbot der Auslieferung (112 III). Wie diese Bestimmungen in erster Linie die Freiheit und nur mittelbar die Gleichheit des einzelnen im Auge haben, so gilt dasselbe bezüglich der persönlichen Bewegungsfreiheit im engsten Sinn (114), der Freiheit der Wohnung (115), des Brief- und Postgeheimnisses (117), der freien Meinungsäußerung (118), der Freiheit der Kunst, der Wissenschaft und ihrer Lehre (142). Gerade diese Bestimmungen lassen wieder das Bedürfnis nach einem verfassungsrechtlich festgelegten Gleichheitssatz erkennen, um den zugelassenen reichs- oder landesrechtlichen Ausnahmen eine Schranke zu setzen. Schließlich sei noch der gleichen Steuerbelastung gedacht, der in Art. 134 ein Programmsatz im Sinne persönlicher aber auch sachlicher Rechtsgleichheit gewidmet ist.

VII.

Was ist das Ergebnis dieser Umschau auf dem Gesamtgebiet der Reichsverfassung für die Auslegung des Art. 109 I?

Daß der Bestimmung die Bedeutung der Rechtsanwendungsgleichheit zukommt, steht von vornherein außer Streit und wurde auch, wie wir sahen, durch einige Einzelbestimmungen ausdrücklich belegt. Fraglich ist nur, wie es mit der persönlichen und sachlichen Rechtsgleichheit steht.

Die Durchsicht der Verfassung hat ergeben, daß von der sachlichen Rechtsgleichheit so gut wie keine Rede ist; nur ganz gelegentlich und auch da nur in programmatischen Sätzen wird man an sie erinnert. Man kann jedenfalls mit gutem Gewissen sagen, daß dieser Rechtsgedanke in der geltenden Verfassungsordnung in keiner Weise eine maßgebende Rolle spielt. Da es sich aber um einen neu hervorgetretenen Grundsatz handelt, läßt sich meines Erachtens nicht an eine stillschweigende Adoption denken; man muß vielmehr sagen, daß dieser Grundsatz der Verfassung im ganzen einfach fremd ist. Daher darf er auch nicht in den Art. 109 I hineininterpretiert werden.

Ganz anders steht es mit der persönlichen Rechtsgleichheit im Sinne des Ausschlusses irgendeiner Gruppenbildung. Wie ein roter Faden durchzieht das Verfassungswerk der Gedanke, daß die Zugehörigkeit zu einem Stand, einem Geschlecht, einem religiösen Bekenntnis, einer Klasse oder einer sonstigen sozialen Schichtung von der Gesetzgebung grundsätzlich nicht zum Ausgangspunkt einer Differenzierung gemacht werden darf. Die Verfassung kann sich förmlich nicht genug tun, dieses Prinzip in jedem möglichen Zusammenhange immer wieder zu betonen. Und nun erhebt sich die Frage, ob dieser Gedanke nur soweit zu positivem Recht verdichtet worden ist, als dies nach einzelnen Richtungen hin ausdrücklich ausgesprochen ist oder ob er allgemeine Rechtsgeltung erlangt hat.

Ich glaube, man könnte zu diesem letzteren Ergebnis schon auf dem Wege der Rechtsanalogie gelangen, auch wenn wir den Art. 109 I nicht hätten. Nun haben wir aber den Art. 109 I, der dieses Ergebnis expressis verbis deckt? Welcher zureichende Grund ist gegeben, um dem Artikel gewissermaßen künstlich diese Tragweite abzusprechen? Sollte es wirklich natürlich sein zu sagen: Art. 109 I kann zwar im Sinne dieses an unendlich vielen Stellen der Verfassung zum Ausdruck gelangten Grundgedankens aufgefaßt werden, aber es ist doch vorzuziehen, ihm diese Auswertung zu versagen, weil im früheren Recht eine weitverbreitete Auslegung restriktiv verfahren ist?

Es wäre verlockend, dem früheren Zustand des Rechts oder der Rechtsauslegung etwas näher nachzugehen. Aber wir brauchen unsere Zeit noch zu anderen Überlegungen. Nur zwei Punkte dürfen hervorgehoben werden. Einmal, daß die einschränkende Auslegung — es handelt sich hauptsächlich um Art. 4 der preußischen Verfassung von 1850 — durchaus nicht unbestritten war, Aldag hat auf neues Material hingewiesen (vgl. Die Gleichheit vor dem Gesetze in der Reichsverf. 1925 S. 10ff.) und zweitens, daß diese Auslegung mit von dem Bestreben getragen war, den Sinn des Satzes mit dem sonstigen materiellen Gehalt der damaligen Rechtsordnung in Einklang zu bringen (richtig Aldag S. 10, v. Hippel, Archiv d. öff. R. 1926 S. 135). Also hat dieselbe Interpretationsmethode, die systematische Auslegung, damals zu restriktiven Ergebnissen geführt, die umgekehrt auch dem heutigen Rechtsbestand zu einer Ablehnung solcher Einschränkung allen Anlaß bietet.

Und noch eines ist aus dem früher gesagten hervorzuheben. Wir haben in einer ganzen Reihe von Zusammenhängen gefunden, daß wir das rechtssatzmäßige Verbot sozialer Differenzierung nicht entbehren können, wenn anders wir es der einfachen Reichs- und Landesgesetzgebung nicht überlassen wissen wollen, beliebige Unterschiede der Person in sehr wichtigen Rechtsgebieten durchzuführen. Ich verweise nochmals beispielsweise auf das Reichsstimmrecht, das Wahlrecht zu den Gemeindeverbänden, der Bürgermeister, Staatspräsidenten, das passive Wahlrecht, auf das Gewerbe-, Freizügigkeits-, Aufenthalts-, Niederlassungs-, Grunderwerbsrecht, Eigentumsrecht, auf die nähere Gestaltung des Schulrechts, auf die Auswanderung, die persönliche Bewegungsfreiheit, Freiheit der Wohnung, das Brief- und Postgeheimnis, die freie Meinungsäußerung, die Freiheit der Kunst und Wissenschaft. Auf allen diesen Gebieten gäbe es, abgesehen von dem Ausschluß erbständischer und religiöser Differenzierung, kein verfassungsrechtliches Hindernis, die einzelnen gesellschaftlichen Schichten durch gewöhnliches Reichs- oder Landesgesetz einer beliebig abgestuften Behandlung zu unterwerfen!

VIII.

Von den Anhängern der sachlichen Rechtsgleichheit wird gelegentlich geltend gemacht, daß eine Auslegung des Art. 109 I, die sich nicht ihre Auffassung zu eigen macht, der Verfassungsstelle jegliche Erheblichkeit benimmt; vgl. Triepel, Goldbilanzverordnung und Vorzugsaktien 1924 S. 27. Dieser Einwand kann wohl nicht aufrecht erhalten werden, wenn man in 109 I die persönliche Rechtsgleichheit ausgesprochen sieht; richtig von Hippel S. 134. Aber selbst wenn man im Wege der einschränkenden Auslegung 109 I nur im Sinne der gleichen Rechtsanwendung auffassen will, ist der Vorwurf der Deklassierung meines Erachtens nicht berechtigt.

Bekannt sind die drei allgemeinen Folgerungen, die Fleiner (Inst. 3. Aufl. S. 126ff.) aus dem Grundsatz der Gleichheit für die Verwaltung gezogen hat: Unzulässigkeit von Einzelverfügungen an Stelle der Verordnung, Unzulässigkeit einer Dispensation ohne besondere gesetzliche Ermächtigung,

Unzulässigkeit differenzierenden Gebrauches des freien Ermessens. Otto Meyer gründet gar auf den Gleichheitssatz sein ganzes Rechtsinstitut der öffentlich-rechtlichen Entschädigung — Ausgleich eines individuellen von der Verwaltung zugemuteten Opfers — und weiter die Berechtigung öffentlicher Anstalten, Gebühren zu erheben. Auch die Ungültigkeitserklärung von Steuerordnungen der Gemeinden wegen ungleicher Maßstäbe durch die Verwaltungsgerichtsbarkeit (vgl. Aldag 86ff.) gehört in diesen Zusammenhang, weil jede Verordnung als Akt der Vollziehung unter dem Gesetze steht. Schon diese Beispiele zeigen, daß das Anwendungsgebiet der Gleichheit der Durchführung der Gesetze einen durchaus nicht unerheblichen Umfang besitzt.

IX.

Die Auslegungslehre pflegt regelmäßig auf die Beachtung der Konsequenzen des gefundenen Ergebnisses zu verweisen. Nun bin ich der Meinung, daß wenn korrekt verfahren worden ist, die Folgerungen, die sich weiterhin ergeben, unbeirrt gezogen werden müssen. Aber gerade deswegen empfiehlt es sich, diese Prüfung von vornherein ins Auge zu fassen, weil dadurch ein erhöhter Sicherheitskoeffizient in die Rechnung eingeschaltet wird. Möglicherweise kommen durch solches Vorgehen erst Fehler auf, die unbeachtet blieben. Wenn ich ein Bild gebrauchen darf: eine kleine Abweichung von der geraden Linie wird anfänglich vielleicht gar nicht bemerkt, mit Zunahme der Entfernung aber wird der Abstand der Schenkel des Aberrationswinkels immer größer und sichtbarer.

Diesen Weg der Prüfung der Konsequenzen hat beispielsweise Thoma in seinem Beitrag zur Festschrift für das Oberverwaltungsgericht (217ff.) beschritten. Allerdings hat er dabei die beiden Arten der Rechtsgleichheit nicht unterschieden und daher werden seine Ergebnisse nicht allen so überzeugend erscheinen, wie wenn er sich etwa auf die sachliche Rechtsgleichheit beschränkt hätte.

Thoma behandelt, abgesehen von der Rechtsanwendungsgleichheit, die ja nicht problematisch ist, die Rückwirkungen der Rechtsgleichheit einerseits in bezug auf das Verhältnis zwischen Reich und Ländern, anderseits in bezug auf die Gewaltenverteilung innerhalb des Reichs.

In ersterer Beziehung ergibt sich das Recht jedes Richters, die Reichsverfassungsmäßigkeit von Landesgesetzen im Hinblick auf die Einhaltung des Art. 109 I zu prüfen, die Befugnis der Reichsregierung, die höchsten Reichsgerichte gemäß Art. 13 II, 15 III, 19 I anzurufen. In letzterer Beziehung könnte der Reichspräsident die Ausfertigung mit einfacher Reichstagsmehrheit oder durch das Volk nicht mit absoluter Mehrheit aller Stimmberechtigten beschlossener Reichsgesetze unter Berufung auf die Verletzung des Art. 109 I ablehnen und, wenn man das richterliche Prüfungsrecht auch gegenüber den Reichsgesetzen gelten läßt oder wenigstens einer künftig damit zu betrauenden richterlichen Zentralinstanz überantworten wollte, könnten die Gerichte oder das betreffende Gericht dem Reichsgesetzgeber nach ihrer Meinung und damit ihrem Entschluß das verfassungsändernde Verfahren auferlegen, auf diese Weise aber unter Umständen je nach den Stärkeverhältnissen der Parteien im Reichstag das Zustandekommen gültiger Gesetze in gewissen Fragen unmöglich machen. Bei der Beurteilung dieser Folgerungen wird es nach unseren bisherigen Ergebnissen notwendig oder doch wenigstens zweckmäßig sein, zwischen persönlicher und sachlicher Rechtsgleichheit zu unterscheiden.

X.

Würde es dem Geist der Verfassung, wie wir ihn uns vorhin vor Augen geführt haben, widersprechen, wenn von einer der in Betracht kommenden Stellen Front gegen ein Landes- oder Reichsgesetz gemacht würde, das beispielsweise in bezug auf gewisse allgemeine Polizeierlaubnisse oder Benutzungsrechte an öffentlichen Sachen und Anstalten eine Differenzierung zwischen selbständigen Erwerbstätigen einerseits und Arbeitnehmern andererseits, zwischen Angehörigen des Offiziers- und des Mannschaftsstandes, zwischen Mitgliedern verschiedener politischer Parteien usw. durchführen wollte? Man sage nicht, daß solche Versuche außer dem Bereich der Möglichkeit lägen. Die öffentliche Diskussion hat schon manche merkwürdige Blüten dieser Art gezeitigt, und es ist bereits wiederholt auf das in der Reichsverfassung enthaltene Gleichheitsprinzip, also auf Art. 109 I, rekurriert worden, um die weitere Verfolgung solcher Vorschläge als aussichtslos zu erklären. Sollte das Vorhandensein dieser Barriere nur ein Truggebilde sein? Ich glaube, es ist weder aus der positivrechtlichen Gewaltenteilung zwischen Reich und Ländern noch jener zwischen Reichstag, Volk einerseits, Reichspräsident und Richtern andererseits ein Gesichtspunkt abzuleiten, der ein solches Ergebnis als dem Geist der Reichsverfassung widersprechend erscheinen lassen würde. Dabei bietet die Abgrenzung zulässiger und unzulässiger Gruppenbildung im allgemeinen keine besonderen Schwierigkeiten und auch, wo sich solche herausstellen, enthält das positive Verfassungsrecht selbst viele brauchbare Fingerzeige für die Lösung. Will man übrigens eine bestimmte Formel wählen, so könnte man etwa folgendermaßen sagen:

Nach Art. 109 I darf kein Gesetz erlassen werden, das in absehbarer Weise eine Unterscheidung der einzelnen nach ihrer Zugehörigkeit zu bestimmten sozialen Gruppen bewirken würde. Der Zusatz: „in absehbarer Weise" muß deswegen gemacht werden, weil in entfernter Fortwirkung bei der Verwickeltheit der gesellschaftlichen Zusammenhänge mittelbar durch jede Aktion soziale Differenzierungen hervorgerufen werden können. Gleichwohl kommt es nicht nur auf die — oft gar nicht faßbaren — Motive oder Zwecke, sondern auf den objektiven Erfolg des Gesetzes an, soweit von einem unmittelbaren Zusammenhang die Rede sein kann. Was als „soziale Gruppe" anzusehen ist, bestimmt sich nach den maßgebenden gesellschaftlichen Anschauungen. Hierin liegt zweifellos ein bewegliches Element. Aber dieses ist doch so geartet, daß es den Richter oder sonstigen Beurteiler vor kein größeres Problem stellt als er sonst gewöhnt ist. Man denke nur an die Klassenverhetzung nach § 130 StGB.

Zu all dem kommt noch eines. Der Maßstab, der von dem Beurteiler anzuwenden ist, ist blendend einfach: die absolute Gleichheit. Jede wie immer geartete Unterscheidung ist unzulässig.

XI.

Nun die Probe auf die sachliche Rechtsgleichheit. Gleiche Tatbestände müssen gleich behandelt werden. Hier sind einerseits die Tatbestände gegeneinander abzuwiegen, andererseits die gesetzlich daran geknüpften Rechtsfolgen. Es handelt sich also um eine doppelte Prüfung, und der Maßstab derselben ist beidesmal der der abwägenden, relativen Gleichheit. Es müssen also Werturteile gefällt werden und **Werturteile sind immer subjektiv**. Triepel (29) verlangt „gleiche Behandlung von Tatbeständen, die in bestimmten Zusammenhang gleich behandelt zu werden verdienen" oder an anderer Stelle gleiche Behandlung dessen, „was ungleich zu behandeln Willkür bedeuten, d. h. auf dem Mangel einer ernsthaften Erwägung beruhen würde", Unterlassung von „Unterscheidungen, für welche sich entweder kein oder doch kein bei vernünftig und gerecht denkenden Menschen verfangender Grund anführen läßt" (30). Zweifellos sind das Versuche, zu einer objektiven Fassung zu gelangen, aber diese Objektivität ist doch nur rein formal. Inhaltlich lassen sich die nach diesem Fragenschema zu gebenden Antworten nur subjektiv bestimmen und müssen daher ganz verschieden ausfallen, je nach den Gesichtspunkten, die herangetragen werden. Letzten Endes kommt es auf die verschiedene Weltanschauung an, von der der Beurteiler ausgeht. Leibholz, Die Gleichheit vor dem

Gesetz, 1925, der die Gedanken Triepels weiter ausgebaut und unterbaut hat, verweist unter Berufung auf den Schweizer Burckhardt (54, 87 vgl. auch Aldag 20ff.) auf den Zusammenhang mit der Lehre vom „richtigen Recht" und bemüht sich auf diesem Gebiete „Unrichtigkeit" und „Willkür" voneinander zu scheiden (76ff.). Man sieht, wie sich die Diskussion des Maßstabes auf das Gebiet der Rechtsphilosophie verschiebt, spricht doch Triepel selbst schon von „immanenten Prinzipien der Rechtsordnung" (30). Von da bis zum Naturrecht ist nur ein Schritt, der auch von Leibholz unbedenklich getan wird, wenn er den Gleichheitssatz nicht einmal vor verfassungsändernden Gesetzen halt machen läßt, sondern sogar über die Verfassung stellt. Auf seine weiteren Ausführungen, welche die Stellung der Gliedstaaten im Bundesstaat und die der Einzelstaaten im Völkerrecht unter eventueller Beiseiteschiebung und Verwerfung positiver Rechtssätze dem Gleichheitsprinzip unterordnet, ist hier nicht weiter einzugehen.

Vielmehr ist zu fragen: Hat das geltende deutsche Verfassungsrecht eine Zuständigkeits- und Machtverteilung in föderativer Beziehung zwischen den Gliedstaaten und dem Zentralstaat, in zentralstaatlicher Beziehung zwischen den gesetzgebenden und den vollziehenden Organen vor Augen, wonach jeweils der erst genannte Faktor das Maß seiner Entschlußfreiheit durch die Auffassung des zweitgenannten über die Anforderungen der Gerechtigkeit bestimmt bekommt? Jedes Landesgesetz unterläge so letzten Endes einer ausdrücklichen oder stillschweigenden Approbation der Reichsfaktoren, jeder Reichstags- oder Volksbeschluß auf legislativem Gebiet der gleichen Billigung einmal des Reichspräsidenten, von dem hier vielleicht praktisch abgesehen werden kann, dann aber, was von allergrößter Bedeutung wäre, der Richter? Wir hätten also verfassungsmäßig eine Hochzüchtung von Zentralismus und Richterkönigtum. Der schließliche Triumpf läge aber bei dem Richtertum, da ja die Reichsaufsicht bei den höchstrichterlichen Reichsinstanzen mündet. Unter Umständen stünde übrigens nach Lage des Falles die Entscheidung über die richtige Gerechtigkeitsabwägung des Reichsgesetzgebers auch in der Hand des Landesrichtertums. Man könnte also die Frage, realpolitisch gesehen, so formulieren: Entspricht es der Weimarer Verfassung, daß über den Inhalt der Gesetze, wenn es darauf ankommt, in jedem Fall, nicht der Interessenausgleich entscheidet, der zwischen den in den Landtagen und im Reichstag zur Mehrheit zusammengetretenen Fraktionen oder bei der unmittelbaren Volksgesetzgebung zwischen den Parteien getroffen worden ist, sondern die Interessenwertung, die in jenen Kreisen sich durchsetzt, denen unsere Richter entstammen? von Hippel verweist im Arch. d. öff. R. darauf, daß damit der demokratische Charakter unserer Staatsordnung in einen aristokratischen verwandelt wäre.

Diese Aussicht mag ja sehr verführerisch sein. Aber, wie man auch mit seinen politischen Wünschen stehen mag, staatsrechtlich, d. h. juristisch, erscheint eine solche Umdeutung ausdrücklich ausgesprochener Verfassungsnormen nicht zulässig. Verfassungsrecht ist irgendwie eine bestimmte Ordnung von Machtverhältnissen, der Auslegung des Verfassungsrechts sind durch diese Ordnung klare Wegrichtungen gewiesen. Führt die Auslegung eines Verfassungssatzes auf eine wesentlich abweichende Machtverteilung, so ist das ein warnendes Mal, daß die Wegerichtung mit einer vielleicht anfänglich kleinen Drehung gewählt wurde, das Wegende aber weitab von der richtigen Straße liegt. Mit dieser Erkenntnis beginnt jener Sicherheitskoeffizient zu wirken, der die Auslegung auf den richtigen Weg zurückweist.

Ich bin am Schlusse. Sie sehen, ich habe meine Ausführungen von vornherein in Beschränkung auf die Hauptfrage des Art. 109 angelegt. Alles andere, was noch zu sagen wäre, habe ich absichtlich beiseite gelassen. Und es sind noch eine Fülle von Problemen, die eingehendere Besprechung verdienen. Ich verweise nur beispielsweise auf folgendes: Unter welchen Gesichtspunkten sind Einschränkungen als zulässig anzusehen, weil sie nach der maßgebenden gesellschaftlichen Anschauung die soziale Gleichheit nicht berühren, wie hinsichtlich der Altersstufen, des Geisteszustandes, der Naturveranlagung? Ist aus dem Gleichheitssatz der Ausschluß jeglicher Einzelmaßnahme durch formelles Gesetz zu folgern (Schmitt, Unabhängigkeit der Richter usw. 1926, S. 16)? Schafft und bejahendenfalls inwieweit der Gleichheitssatz subjektive Rechte, sog. Reflexrechte, nur objektivrechtliche Bindung? Wie steht es positivrechtlich und de lege ferenda mit der Gestaltung des Rechtsschutzes? Wie sind die juristischen Personen, die Ausländer zu behandeln? Kann die Änderung langgeübter richterlicher oder Verwaltungspraxis in einem bestimmten Fall als Verletzung der Rechtsanwendungsgleichheit angesehen werden? u. dgl. m.

Die Wichtigkeit aller dieser Fragen ist zuzugeben. Aber gleichwohl sind sie gegenüber der Hauptfrage nur sekundärer Natur. Die meisten von ihnen bekommen ihre richtige Stellung, ihre Farbe erst durch die Entscheidung des Hauptproblems. Dieses steht also durchaus im Vordergrund. Und darum habe ich geglaubt, sie beiseite lassen zu dürfen, geleitet von der Erwägung, daß, wie so oft, in geistigen Dingen, auch hier das Weniger mehr sei.

2a. Leitsätze des Mitberichterstatters.

1. *Der Art. 109 Abs. I der RV. kann dreifach gedeutet werden: im Sinne der Rechtsanwendungsgleichheit, der Rechtsgleichheit in persönlicher Beziehung, der Rechtsgleichheit in sachlicher Beziehung.*
2. *Aus geschichtlich entfernten oder staatlich getrennten Rechtszuständen sind Schlüsse auf die Auslegung des geltenden deutschen Rechtes nicht zu ziehen.*
3. *Wortauslegung führt angesichts der bildlichen Ausdrucksweise, isolierte Sinnauslegung angesichts der Vieldeutigkeit des Verfassungssatzes nicht zum Ziel.*
4. *Die sonach gebotene systematische Auslegung erfordert eine Prüfung der gesamten Reichsverfassung unter dem Gesichtspunkt des Gleichheitssatzes.*
5. *Das Ergebnis dieser Prüfung ist, daß neben der Rechtsanwendungsgleichheit der Gedanke der persönlichen Rechtsgleichheit die ganze Verfassung wie ein roter Faden durchzieht, während sachliche Rechtsgleichheit nur eine untergeordnete Rolle spielt.*
6. *Demgemäß ist Art. 109 I im Einklang mit diesem Ergebnis zu deuten.*
7. *Betrachtung der Konsequenzen solcher Auslegung führt zu befriedigenden Resultaten, während die Annahme sachlicher Rechtsgleichheit die Machtverteilung zwischen Ländern und Reich wie zwischen gesetzgebenden und vollziehenden, insbesondere richterlichen Reichsorganen in das Gegenteil der ausdrücklich getroffenen Ordnung umkehren würde.*

---

3. Aussprache über die vorhergehenden Berichte.

von Hippel-Heidelberg: Der Gleichheitsbegriff der neuen Lehre, von Nawiasky als sachlicher Gleichheitsbegriff bezeichnet, verbietet Willkür bei jeder Normsetzung, die nicht durch den Verfassungsgesetzgeber erfolgt. Als willkürlich aber erscheint die ungerechte Norm, womit der Gleichheitssatz zum Inhalt das Postulat der Gerechtigkeit erhält. Die sonst dem positiven Recht gegenüber transzendente Rechtsidee wird Norminhalt eines Verfassungssatzes.

Nimmt man dies an, so ergibt diese Auslegung theoretisch das Problem, den Verstoß eines Rechtssatzes gegen Art. 109 nur noch aus dem rechtsphilosophischen System begründen zu können. Da tatsächlich eine Reihe verschiedener Systeme den Anspruch objektiver Gültigkeit erheben (z. B. Nelson, Binder, Radbruch), muß praktisch die neue Lehre das richterliche Weltbild entscheiden lassen und liegt ihr das aristokratische Moment der Höherwertigkeit des richterlichen Urteils zugrunde, was einen Konflikt bedeutet mit dem demokratischen Charakter der Verfassung. Zu ihrer Begründung endlich stützt sich die neue Auslegung namentlich auf den Gedanken, die Gerechtigkeit müsse den Juristen leiten und dementsprechend sei der Gleichheitsbegriff zu bestimmen. Dabei wird übersehen, daß es sich bei der Sinndeutung des Art. 109 zunächst jedenfalls um eine positivrechtliche Auslegungsfrage handelt. Und es läßt sich nachweisen und ist nachgewiesen worden, daß der Gleichheitssatz jedenfalls nicht gemeint ist, wie ihn die neue Lehre versteht, sondern den demokratischen Gedanken der Gleichheit der Personen als solcher enthält. Gegen diesen Gedanken formaler Gleichheit würde etwa das Gesetz über die Enteignung gerade der Fürsten verstoßen.

Die vom Berichterstatter angeschnittene Frage, ob ohne Bezug auf die Gerechtigkeit rechtliche Sinngebung möglich sei, ist mit ihm grundsätzlich zu verneinen. Aber dies Problem hat mit der Auslegung des Art. 109 unmittelbar nichts mehr zu tun.

Triepel-Berlin: Ich möchte mir gestatten, vor dem Fortgang der Erörterung die Frage zu erheben: Worauf sollen wir unsere Debatte beschränken? An drei Punkten kann eine fruchtbare Erörterung einsetzen. Ich möchte aber vorschlagen, daß wir nicht abschnittsweise über diese drei Punkte sprechen, sondern daß wir innerhalb unserer Ausführungen uns nach diesen Punkten richten, nämlich:

1. Wendet sich Art. 109 an den Gesetzgeber oder nicht?

2. Die inhaltliche Bestimmung des Grundrechts des Art. 109 Abs. 1.

3. Die Konsequenzen der Auslegung des Art. 109, also richterliches Prüfungsrecht, unitarisches Prinzip und föderativer Gedanke. Ob man berechtigt ist, diese Probleme in der Diskussion mit heranzuziehen? Die Frage des richterlichen Prüfungsrechtes möchte ich nicht mit behandelt sehen. Durch die Novemberentscheidung des Reichsgerichts im vorigen Jahre ist sie ja entschieden. Also würde ich vorschlagen, daß wir dieses Problem aus der Diskussion herauslassen.

Laun-Hamburg: Ich möchte mich im wesentlichen beschränken, zu einem der drei Punkte das Wort zu ergreifen, die der Herr Vorsitzende soeben herausgestellt hat. Wie verhält sich Art. 109 überhaupt zum Gesetzgeber? Es scheint mir da eine Quelle der Unklarheit darin zu bestehen, daß man nicht genügend zwischen dem Verfassungsgesetzgeber und dem einfachen Gesetzgeber unterscheidet. Der einfache Gesetzgeber ist doch dem Verfassungsgesetzgeber ganz ebenso untergeordnet, wie es die Verordnung dem Gesetz gegenüber ist. Das scheint mir nicht genügend beachtet worden zu sein.

Was zunächst einmal die Bindung des Gesetzgebers an die Norm des Verfassungsgesetzgebers anbelangt, so scheint mir hier das Problem genau so zu stehen, wie bei der Bindung der Verordnung an das Gesetz. Es ist dieselbe Frage, wie ich sie vor Jahren in meinem Buche über das „freie Ermessen" untersucht habe. Soweit freies Ermessen herrscht, kann der Gesetzgeber höherer Ordnung Schranken errichten, welche die freie Zweckwahl begrenzen, z. B. dahin, daß eine bestimmte materielle Gleichheit auch durch Akte des freien Ermessens nicht verletzt werden darf.

Etwas ganz anderes ist aber zweitens die Frage nach der Bindung des Verfassungsgesetzgebers an überpositive Normen. Da gibt es meines Erachtens nur drei Möglichkeiten: den Positivismus, den Glauben an den höchsten Gesetzgeber (Gott) oder den Glauben an die Autonomie des Rechtes. Ich kann den skeptischen positivistischen Gesichtspunkt Nawiaskys nicht teilen. Der idealistische Standpunkt von Erich Kaufmann verlangt, daß man einen höchsten, übernatürlichen Gesetzgeber, Gott, voraussetzt. Will man davon abstrahieren, so sehe ich eine Möglichkeit nur in dem Versuch, wie ich ihn in meiner Rektoratsrede (1924) gemacht habe.

Ich kann die Debatte über die „Autonomie des Rechtes" meiner Rektoratsrede hier nicht aufnehmen. Ich kann nur andeuten, worum es sich handelt. Ich glaube, daß für die Norm das wesentliche in ihrer Handhabung liegt und daß wir daher als Juristen, wenn wir Wissenschaft treiben, uns an das halten müssen, was wir erleben, daß wir die tatsächlichen Erlebnisse, die wir als Forderungen des Rechtsgefühls, des Gewissens bezeichnen, zu beachten haben. Die Interpretation von Gesetzen ist nur unter dem Gesichtspunkt möglich, daß wir uns fragen: Wie wirkt das Gesetz auf die Gesetzesadressaten, auf ihr Gewissen und ihr Rechtsgefühl? Nicht darauf kommt es an, was bei der Beratung der Abgeordnete darüber gedacht hat, der das Gesetz im Parlament behandelte. Wir müssen fragen, wie wirkt der Gesetzessatz auf die breiten Massen? Daher kommt es nicht darauf an, daß wir historisch untersuchen, was die Gesetzgeber mit dem Art. 109 gewollt haben; das ist nicht entscheidend für das, was wir selbst als Recht empfinden. Sondern wir müssen uns klar sein, daß jeder einzelne durch subjektives Erleben sein juristisches Weltbild konstruiert, und daß wir etwas relativ allgemeingültiges nur aus der Übereinstimmung der großen Mehrzahl gewinnen können.

Richard Schmidt-Leipzig: Ich passe mich dem Vorschlag des Herrn Vorsitzenden an. Ich drehe nur die Reihenfolge der Fragen herum. Mit dialektischen Untersuchungen, wie sie bisher im Vordergrunde standen, werden wir nicht weiterkommen. Wir sollten uns jeder gewöhnen, am konkreten Problem anzufangen. Mir liegt in meinen fachlichen Kreis die strafrechtliche Seite nahe. An ihr sollten wir uns beispielsweise auch das generelle Problem nahebringen, zumal diese Frage im Vordergrunde des Interesses steht, nämlich im Entwurfe zum StGB. von 1925. Einmal ist das strafrechtliche Problem typisch für das Verhältnis von Gesetzgeber und Richter. Wir haben die Frage bisher isoliert behandelt für den Gesetzgeber und für den Richter. Es gilt in erster Linie zu erkennen, daß das Verhältnis von Gesetz und Richteramt für das strafrechtliche Problem kennzeichnend ist. Dafür haben wir als Ausgangspunkt § 2 StGB., der in die Verfassung als Art. 116 hinübergenommen worden ist. Wollen wir die in ihm liegende Forderung der Gesetzlichkeit, der Gerechtigkeit der Strafen bestimmen, so können wir Gleichheit und Gerechtigkeit nicht ohne weiteres gleichsetzen. Die Gleichheit ist nur eine Seite der Gerechtigkeit, daneben steht die Freiheit, die freiheitliche Beziehung des Individuums zum Staat, und sie ist gewahrt nur, wenn das Gesetz die Bedingung der Strafbarkeit bestimmt hat. Aber sofort zeigt sich, wie Freiheit und Gleichheit sich ineinanderschieben. Die Voraussetzungen der Strafbarkeit müssen fest bestimmt sein. Aber das sind sie nur, wenn sie für alle gleich fest bestimmt sind, wenn zugleich die Gleichheit gewahrt ist. So haben wir hier einen Ausgangspunkt, der uns zeigt, daß Art. 116 RV. nicht verstanden werden kann, wenn er nicht mit Art. 109 RV. kombiniert wird. Das hat mannigfache Konsequenzen. Die Gleichheit wird verbürgt zunächst in der Schaffung von Garantien dafür, daß der Richter, dem die Norm des Tatbestandes gegeben wird, eine gleiche Anwendung des Tatbestandes vornehmen muß, daß die nichtgleiche Anwendung durch das Rechtsmittel gefaßt werden kann. Mit der gesetzlichen Fixierung der Strafbarkeitsmerkmale der Tat ist aber die Frage keineswegs erschöpft. Nun kommt erst die Strafzumessung. So liegt denn in Art. 109 RV. weiter die Forderung: nicht nur die Bedingungen der Strafbarkeit müssen gleich werden, sondern es muß auch ein für alle gleiches Prinzip für das Maß der Strafzumessung gegeben werden. So befähigt denn erst die Verbindung von Freiheit und Gleichheit im Strafmaß zur Aufstellung von Maßstäben (vergeltende Strafe).

Damit kommen wir auf den Punkt, von dem der Herr Referent ausging, und in dem ich ihm durchaus beistimmen kann. Hier zeigt sich die metaphysische Seite der Sache; denn wir werden eben sagen müssen, diese, die weitesten Schichten des Volkes treffende Wirkung der Strafe hat zur Voraussetzung die Überzeugung der Volksmassen, daß die Strafe dem Verbrechen angemessen ist. Hierfür ist hauptsächlich in der idealistisch-autoritaristischen Weltanschauung eine Basis zu gewinnen. Aber die materialistisch-individualistische Weltanschauung, auf die heute, wie die tatsächlichen Verhältnisse lehren, hauptsächlich die Besserungs- und sonstigen Individualisierungsbestrebungen der Strafrechtsreform sich stützen, steht der ersten in andern Volksschichten gegenüber. Soll also auch sie im praktischen Recht zur Geltung kommen, so kann für einen Ausgleich, eine Vereinigung beider nur der staatliche Gesetzgebungsakt helfen, mit anderen Worten der positivierende Machtwille des Staats: kurzum, das Einzelproblem veranschaulicht, daß sich die beiden Prinzipien der Rechtsbildung, das naturrechtliche und das positivistische, gegenseitig ergänzen und aufheben, und die Prüfung jeder andern grundsätzlichen Gesetzgebungsfrage, die heute schwebt, würde zum gleichen Ergebnis führen.

Anschütz-Heidelberg: Ich möchte auf die rechtsphilosophische Seite unseres Gegenstandes nicht eingehen, sondern mehr auf das materielle Problem zu sprechen kommen. Die Versuchung liegt ja nahe, auf diese Fragen näher einzugehen. Es hat mich überrascht, zu sehen, mit welcher Intensität, mit welcher Bekenntniskraft ein Gedanke bei dem ersten Herrn Referenten hervorgebrochen ist, den ich bis vor kurzem als überwunden ansah: die Idee des Naturrechts. Sie muß eine unverwüstliche Lebenskraft haben. Mit einem Male muß ich mir jetzt sehr altmodisch vorkommen, wo ich früher den Fortschritt zu vertreten meinte. Die Welt wandelt sich. Das Naturrecht ist wieder Mode. Der erste Herr Referent hat gesagt, daß seine Ausführungen als Bekenntnis aufzufassen sind. Ich stelle dem ein anderes Bekenntnis entgegen. Diskutieren kann man darüber nicht. Ich sehe im Recht den Ausdruck einer menschlichen Macht, die sich auf den Gemeinwillen stützt, ob es sich nun um geschriebenes Recht oder um Gewohnheitsnormen handelt. Es versteht sich von selbst, daß auch das Gewohnheitsrecht positives Recht ist.

Gäbe es „Naturrecht", hätten wir ein überpositives Recht, das Normen höheren Ranges darstellte, gegenüber den Staatsgesetzen, wie wollen Sie es erklären, daß man jenes Recht, daß man das Naturrecht mit verfassungsändernder Mehrheit ändern kann? Mit zwei Drittel Majorität kann man solchem

Recht nicht beikommen (lebhafte Zustimmung bei einem Teil der Versammlung). Mit einer naturrechtlichen Geltung des Gleichheitssatzes legen wir uns selbst Fesseln auf. Rechtspolitisch können wir dann ja gar nichts machen. Man kommt damit zum Legitimismus, zu einer naturrechtlichen Legitimität. Das ist etwas so Revolutionäres, daß ich überzeugt zu werden wünsche. Ich bleibe also insofern auf dem Standpunkt meines Kommentars stehen.

Der Satz des Art. 109 I ist eine Norm nicht für den, der das Gesetz gibt, sondern für den, der es anwendet. Es ist eingewendet worden, daß dann nicht mehr hinreichend Sinn in dem Satze bleibt. Man kann indes bei dieser Auffassung nicht von Inhaltslosigkeit des Satzes sprechen. Überdies stehen in der Reichsverfassung genügend Trivialitäten, die ihrer Zeit sehr wichtig und sehr notwendig waren, und heute Gemeinplätze sind. Es ist liberales Erbgut, das man damit übernommen hat. Das klingt hübsch, das hat man nicht missen mögen. Man hat an mich appelliert, ich sei doch in anderen Fällen nicht so ablehnend, daß nicht auch der Gesetzgeber Bindungen unterworfen ist. Gewiß gebe ich das zu, aber ob das hier der Fall ist, das ist ja gerade der Streitpunkt. Für Art. 109 Abs. 1 leugne ich es eben. Selbst wenn ich zugeben wollte, daß die Verfassung eine Norm höheren Ranges wäre, so fragt sich doch, ob diese rechtlichen Gebote der Verfassung sogenannte Nichtigkeitsnormen sind. Wer hat das zu kontrollieren? Damit würde ich auf die Frage des richterlichen Prüfungsrechtes kommen. Man hat versucht, der neuen Lehre werbende Kraft zuzuführen durch Hinweis auf Demokratie und Unitarismus. Es ist klar, daß aus dieser neuen Lehre eminent unitarische Konsequenzen folgen. Läge in Art. 109 Abs. 1 RV. wirklich dieser Sinn, so erscheint es mir sicher, daß die Länder sich dagegen bei der Beratung der Reichsverfassung gewendet haben würden. Und ist die Durchsetzung dieses Prinzips wirklich so demokratisch? Ich zweifle nicht, daß der Herr erste Referent die Gesetze loyal anwenden würde. Aber es ist mit den Juristen so eine Sache; der Jurist kann alles beweisen. Man könnte unter dem Deckmantel der Gleichheit alles mögliche schließlich einführen, was nicht jedem als „Gleichheit“ erscheint. Man könnte zu ganz anderen Folgerungen kommen.

Mich leiten dabei geschichtliche und exegetische Gründe. Geschichtlich ist festzuhalten, daß im Partikularrecht früher kein Mensch gedacht hat an die Bindung des Gesetzgebers. Bei den Verhandlungen über das Polengesetz von 1908 ist schon gesagt worden: Das steht nicht im Art. 4 der Preuß. Verfassung. Die heutige Lehre ist damals nur von den Polen vertreten worden. Der Gesetzgeber hat sich damals völlig auf einen anderen

Standpunkt gestellt. Auch heute hat kein Bedeutungswandel stattgefunden; es müßten doch Anzeichen für einen solchen Wandel vorhanden sein. In der Literatur ist diese Lehre allerdings vertreten, aber bisher doch noch so vereinzelt, daß von einer Entwurzelung der bisher herrschenden Lehre keine Rede sein kann. Ich komme der Auffassung des zweiten Berichterstatters sehr nahe und kann seine Ausführungen zum größten Teil unterschreiben. Durchschlagend scheint mir der Gesichtspunkt Thoma's: Soweit die Reichsverfassung die Abschaffung von Privilegien der Stände, Orden usw. vorschreibt, fragt es sich: ist diese Aufzählung in der Reichsverfassung erschöpfend oder muß sie noch aus allgemeinen Grundsätzen ergänzt werden. Darin stimme ich Herrn Nawiasky nicht zu. Wir haben in Art. 109 Abs. 1, wenn man ihn als Gebot an den Gesetzgeber aufzufassen gewillt ist, allenfalls ein Gesetzgebungsprogramm, das nicht aktuell gilt und nur insoweit verwirklicht ist, als die Verfassung dies bereits ausdrücklich getan hat. Wie käme es sonst, daß der Kernpunkt, die Abschaffung der Standesvorrechte, zwar in Art. 109 erwähnt ist, aber nicht in positiver Weise geregelt wird; es heißt doch nur: „sind aufzuheben". Warum sollen die Frauen nur grundsätzlich gleichberechtigt sein, wo doch dieses Prinzip sich aus Art. 109 Abs. 1 ergeben soll? Diese Vorschriften wären ja überflüssig, wenn Art. 109 Abs. 1 eine geltende Rechtsnorm darstellte. Exegetisch aber ist entscheidend der Einwand, daß durch die neue Auffassung der Richter über den Gesetzgeber gestellt wird. Nun hat diesen Einwand der Herr Referent in sehr geschickter Weise pariert, daß das doch nicht so schlimm sei. Der Richter werde schon nicht so unvernünftig sein. Schließlich kann auch der höchste Richter alles beweisen. Ich glaube sicher, daß sich jemand finden würde, der aus dem Prinzip der Gleichheit ableiten würde, daß, wenn die Weinsteuer gesenkt wird, auch die Biersteuer ermäßigt werden müsse.

Man denke sich die Folgerungen aus. Dabei liefe der Reichstag Gefahr, daß seine Gesetze paralysiert würden. Zum Schluß noch das: Der Richter darf sich und soll sich nicht spezifisch gesetzgeberische Aufgaben anmaßen. Wer will das dem Reichsgericht aber verbieten? Das würde zu einer Politisierung der Justiz führen. Es würde immer die Frage entstehen: wie stellt sich das höchste Gericht zur Gültigkeit eines Rechtssatzes. Die Besetzung der Stellen an diesem Gericht würde eine große politische Bedeutung erlangen. Man überträgt ja geradezu die Souveränität auf diesen höchsten Richter. Die Reichsregierung würde es sich also sehr überlegen müssen, wer in diese höchsten Stellen hinein soll? Das würde zu einer Politisierung, einer Degeneration der Justiz führen, zu etwas, das vor allen Dingen nicht in der Linie des Gedankens liegt, dem wir alle huldigen, der Idee des Rechtsstaats.

Triepel-Berlin: Es war mir eine Genugtuung, daß die beiden Herren Referenten übereinstimmend davon ausgingen, daß Art. 109 auch Norm für den Gesetzgeber ist, wenn auch Herr Nawiasky die Frage, welches die Grenzen dieses Satzes sind, anders beurteilt als Herr Kaufmann. Ich glaube überhaupt die Beobachtung gemacht zu haben, daß die Masse der Schriftsteller mehr auf die Seite der neuen Auslegung neigt. Auch das Reichsgericht, das zwar bisher eine feste Stellung zu unserer Frage nicht genommen, hat doch erkennen lassen, daß, wenn die Frage der Verletzung des Gleichheitssatzes durch den Gesetzgeber auftauchen sollte, es sich für befugt halten würde, das Gesetz für ungültig zu erklären. Auf den gleichen Standpunkt stellt sich eine Danziger höchstrichterliche Entscheidung vom Januar dieses Jahres. In Danzig ist die Rechtslage freilich einfacher, weil der Satz: „Die Grundrechte sind Richtschnur und Schranke für den Gesetzgeber", ausdrücklich in der Verfassung steht, und die Richter sich auf ihn berufen konnten. Ich möchte auf die Behauptung kommen, die der zweite Herr Referent sehr stark unterstrichen hat, daß man aus zeitlich und räumlich verschiedenen Systemen Folgerungen nicht ziehen dürfe. Ich gebe zu, daß man nicht einen Satz unseres Rechts, der sich auch in einem fremden Recht findet, ohne weiteres so wie im letzteren auslegen kann. Ich wende mich daher auch dagegen, daß man — wie Anschütz — die Auslegung des Art. 4 alt. Preuß. Verfassung heute unter den ganz veränderten Umständen zur Grundlage der Auslegung des Art. 109 RV. macht. Bei den Debatten über die Polengesetze haben sich übrigens auch andere als nur die Polen gegen die Rechtmäßigkeit dieser Gesetze eingesetzt, z. B. Haenel. Aber ich glaube, die Sache steht doch so, daß wir eine unendliche Menge von dem, was die Rechtsvergleichung uns liefert, wohl gebrauchen können. Natürlich nur unter der Voraussetzung, daß wir einen gemeinsamen Boden für die beiden zeitlich und räumlich getrennten Rechtssysteme finden. Unser Recht ist doch nicht isoliert, sondern steht mit der gesamten Kultur der Gegenwart in Zusammenhang. Diese Zusammenhänge laufen um die ganze zivilisierte Welt. Und gerade weil sich der neue deutsche Bau auf den demokratischen Untergrund stellt, ist es kein Mißgriff, wenn man die neue deutsche Rechtsordnung in Beziehung setzt zu dem Rechtssystem der Vereinigten Staaten oder der Schweiz, wenn man Argumente, die auf dem Boden der fremden Rechtsordnung gebraucht sind, mit gewissen Vorbehalten natürlich, auch für unser Recht verwendet. — Ich will kein Bekenntnis ablegen in dem Kampf zwischen Naturrecht und positivem Recht. Es scheint mir sehr darauf anzukommen, was man unter Naturrecht versteht. Man kann gegen die Auffassung der Aufklärungszeit ankämpfen, und man kann doch der Auffassung sein, daß die Gesamtsumme unserer Normen nicht mit dem geschriebenen Gesetze gleichbedeutend ist. Alles Recht ist nur positiv im Sinne der Wirklichkeit. Dieses wirkliche Recht ist etwas Lebendiges, auch wenn es nicht in Paragraphen gegossen worden ist. Ohne den Glauben an irgend etwas „Überpositives" kommen wir nicht durch. Stammler sagte mir einmal: Jeder Jurist hat seine Rechtsphilosophie. Jeder, auch bei den scheinbar einfachsten Fällen, muß doch schließlich rekurrieren auf Gedanken, die er im Gesetz nicht findet, die er entnimmt der überpositiven Lebensordnung. Das sehen wir gerade dann, wenn es sich um Maßstäbe handelt, die festgestellt werden sollen. Wir müssen dazu freilich oft in unsere Brust greifen. Wir stellen gleichwohl nicht nur subjektive Maßstäbe auf, wenn wir sagen, was gerecht ist. Wir versuchen wenigstens, objektive Maßstäbe zu erhalten.

Hinsichtlich des Inhalts des Art. 109 Satz 1 zweifele ich, daß man eine scharfe Sonderung zwischen persönlicher und sachlicher Gleichheit annehmen kann; man kann das gar nicht durchführen. Das Recht ist eine Ordnung menschlichen Zusammenlebens. Jeder Tatbestand hängt mit einer Person zusammen, jedes sachliche Verhältnis hat auch eine persönliche Seite. Das Sachliche und das Persönliche läßt sich voneinander gar nicht trennen. Man kann natürlich sagen, ein Gesetz könne zunächst an das eine oder zunächst an das andere anknüpfen. Aber es muß eben geprüft werden, ob das Gesetz in dieser oder in jener Weise verfährt. Der zweite Berichterstatter ist der Meinung, die Verfassung stelle auf gesellschaftliche Gruppen oder Klassen ab, wenn sie in Art. 109 den Gleichheitsgrundsatz proklamiere. Aber man fragt doch sofort, jedenfalls in einzelnen Fällen, ob die Verfassung eine unterschiedliche Behandlung einzelner Personengruppen in jeder oder nur in einer bestimmten Beziehung verbieten wolle: Nehmen wir z. B. die Landeszugehörigkeit. In der alten Reichsverfassung hieß es, daß jeder Deutsche in jedem andern Staate wie der Einheimische behandelt werden sollte, aber es war die Gleichheit nur in bezug auf ausdrücklich aufgeführte Verhältnisse angeordnet. In der neuen Verfassung findet sich eine solche Einschränkung nicht. Weiter: Die neue Verfassung stellt Mann und Frau gleich, aber da die absolute Gleichbehandlung der Geschlechter undurchführbar ist, so muß sofort die Frage aufgeworfen werden; in bezug auf welche Tatbestände sollen nach der Meinung der Verfassung die beiden Geschlechter gleichgestellt werden? Meiner Ansicht nach wird bei den Grundrechten der Reichsverfassung, mehr als Herr Nawiasky zugeben will, die Forderung der Gleichheit an sachlich zu formulierende Tatbestände angeknüpft. Die Verfassung gewährt z. B. allen Deutschen das Versammlungsrecht. Soll das nun heißen: Die Gleichheit ist jedermann gewährleistet, aber nicht für jede Art von Versammlungen, d. h. eine Differenzierung nach subjektiven Merkmalen der sich versammelnden Personen ist unzulässig, eine Differenzierung nach objektiven Gesichtspunkten aber gestattet? Das ist doch sehr zweifelhaft. Es wird vielleicht dem Gleichheitsprinzip nicht zuwiderlaufen, wenn man an Sonntagen politische Versammlungen verbietet, Theater und andere Lustbarkeiten aber erlaubt. Allein wenn eine Versammlung in einem baufälligen Hause verboten wird, während sich sonst in demselben Hause dauernd Leute aufhalten dürfen, so ist das ein Verstoß gegen den Gleichheitssatz, und die Judikatur hat auch so entschieden. In diesen wie in vielen andern Fällen kommt eine gesellschaftliche Gruppenbildung im gewöhnlichen Sinne bei der Anwendung des Gleichheitssatzes gar nicht in Frage. Nach meiner Ansicht ist der Gedanke der persönlichen Gleichheit nur eine, wenn auch sehr wichtige Ausstrahlung des allgemeinen Gleichheitsgedankens, und wir sind nicht berechtigt, diese eine Ausstrahlung allein in Rechnung zu ziehen. Herr Nawiasky wird mir freilich einwenden, in der Verfassung sei eben das Persönliche immer in den Vordergrund gerückt. Aber man wird doch darüber streiten können, ob das Zufall oder Absicht gewesen ist.

Herr Kaufmann hat uns eine Reihe von Formulierungen vorgeschlagen, mit deren Hilfe er das materielle Gleichheitsprinzip im einzelnen durchführen will. Im Grunde handelt es sich aber hierbei eben auch nur um Formulierungsfragen. In der Sache kommt es immer darauf an, ob man für eine bei der Rechtsanwendung oder bei der Rechtssetzung vorgenommene Differenzierung einen vernünftigen Grund angeben kann. Nur in sehr seltenen Fällen wird es möglich sein, die Differenzierung als völlig grundlos zu erklären. Wir haben es in der Gesetzgebung doch nicht mit Toren, sondern mit vernünftig abwägenden Leuten zu tun. Deshalb möchte ich auch das vorhin angeführte Beispiel, das von der Bier- und Weinsteuer handelte, nicht für überzeugend ansehen. Wichtiger als die Frage, ob im Einzelfalle eine völlig grundlose Differenzierung vorliegt, ist m. E. die Frage, ob im Einzelfalle die Begründung einer unterschiedlichen Behandlung in einem sachlichen Zusammenhange mit dem Wesen des geregelten Verhältnisses steht oder nicht. Ist das nicht der Fall, so würde ich allerdings die Differenzierung für willkürlich und daher verboten erklären. Ein Beispiel. Der Staat will sparen. Ein Gesetz kürzt deshalb die Beamtengehälter, und zwar beschränkt es die Kürzung auf die oberen Beamtengruppen. Irgendeinen Grund für die unterschiedliche Behandlung der einzelnen Beamtengruppen wird man schon finden, etwa daß man den höheren Gruppen eine größere Opferwilligkeit zutrauen könne, vor allem, daß man die unteren Gruppen nicht unter ihre bisherigen Bezüge herabdrücken könne, ohne sie Hunger leiden zu lassen usw. Ich würde diese Begründung für unstatthaft halten. Selbstverständlich muß man und darf man bei einer Gehaltsregelung eine Differenzierung vornehmen. Aber die hierfür entscheidenden Gesichtspunkte müssen in innerem Zusammenhange mit dem Beamtendienstverhältnis stehen, z. B. auf Dienstalter, Fähigkeiten, Leistungen usw. Rücksicht nehmen. Verfährt man so, wie in dem angeführten Beispiel, so kommt das darauf hinaus, daß man von den höheren Beamten eine Sondersteuer erhebt. Würde das zulässig sein?

Nur ganz kurz über das Letzte. Ich will nicht auf das richterliche Prüfungsrecht als solches eingehen. Ich möchte im Gegenteil bezweifeln, ob es richtig ist, daß man das Prüfungsrecht des Richters mit unserm Thema überhaupt in Zusammenhang bringen darf. Meiner Meinung nach steht das auf einem ganz andern Blatte. Die Frage, ob sich der Gleichheitsgrundsatz an den Richter oder auch an den Gesetzgeber wendet, hat schon Haenel bei Gelegenheit der Polengesetze im Jahre 1908 aufgeworfen. Dabei hat er gesagt, es sei zwar ganz unpraktisch, die Frage aufzuwerfen, weil die preußische Verfassung damals dem Richter das Recht versagte, Gesetze auf ihre Verfassungsmäßigkeit nachzuprüfen. Trotzdem, fügte er hinzu, halte er sich im Gewissen verpflichtet, festzustellen, daß ein Gesetz wie das damals behandelte Polengesetz der Verfassung zuwiderliefe. Man sieht, daß die beiden Fragen ganz gesondert entschieden werden können und müssen.

Kelsen-Wien: Das wichtigste Problem, das Herr Kaufmann in seinem Referat berührt hat, scheint mir das Problem des Positivismus zu sein. Herr Kaufmann sagte, daß der Positivismus erledigt sei. Durch diese — etwas kühne — Behauptung fühle ich mich ebenso getroffen, wie Herr Anschütz. Ich bin nämlich Positivist, noch immer und trotz allem Positivist. Der Positivismus ist nicht erledigt und wird nie erledigt sein, so wenig wie das Naturrecht erledigt ist, dieses erledigt sein wird. Dieser Gegensatz ist ein ewiger. Die Geistesgeschichte zeigt nur, daß bald der eine, bald der andere Standpunkt in den Vordergrund tritt. Mir scheint sogar, daß es sich hier nicht nur um einen Gegensatz in der Geistesgeschichte, sondern um einen solchen handelt, der in jedes Denkers Brust lebendig wird. Naturrecht ist juristische Metaphysik. Und der Schrei nach Metaphysik tönt jetzt — nach einer Periode des Positivismus und Empirismus, — wieder allenthalben und auf allen Erkenntnisgebieten. Wohin führt aber dieser Ruf nach Metaphysik und Naturrecht auf dem Gebiete der Jurisprudenz? Zunächst zu einem radikalen Subjektivismus. Daß Kaufmann von einem Bekenntnis sprach, ist bezeichnend. Bekenntnis ist Ausdruck subjektiver Anschauung. Dieser Weg führt aber nicht zu der Metaphysik, sondern zu vielen, voneinander sehr verschiedenen Metaphysiken, und daher auch nicht zu dem Naturrecht, als einer objektiven, eindeutig bestimmten Ordnung, sondern zu vielen, voneinander sehr verschiedenen, einander entgegengesetzter Naturrechten. Sucht man aber aus diesem Chaos subjektiver Metaphysiken einen Ausweg, so gelangt man notwendigerweise auf den Boden einer positiven Religion. Ich möchte mit größtem Nachdruck betonen, daß es eine objektive Metaphysik und sohin auch ein objektives Naturrecht als ein System materialer Wertprinzipien nur auf dem Boden einer positiven Religion gibt. Eine „positive" Religion ist aber eine in historischen Tatsachen manifestierte, durch einen Propheten, Heiland usw. geoffenbarte Religion. Zwischen positiver, geoffenbarter Religion und positivem, d. h. gesetztem, in historischen Akten geoffenbartem Recht besteht weitgehende Analogie. Und so bedeutet der Rekurs von dem positiven Recht an das Naturrecht keineswegs eine „Überwindung des Positivismus", sondern nur die Ersetzung des einen Positivismus durch den andern. An Stelle des positiven Rechts wird die positive Religion als höchste Autorität anerkannt.

Damit gewinnt aber die Wendung zum Naturrecht und zur Metaphysik, die wir neuestens innerhalb der juristischen Theorie beobachten können, eine politische Bedeutung. Es zeigt sich die deutliche Tendenz, den Wert der Autorität des positiven Gesetzgebers herabzusetzen. Ob und inwieweit diese Abkehr gewisser juristischer Kreise von dem bisher bedingungslos anerkannten Positivismus soziologisch mit der Änderung in der politischen Struktur des Gesetzgebungsorgans zu erklären ist, möchte ich hier dahingestellt lassen. Jedenfalls ist nicht zu verkennen, daß Juristen, die ehedem die strikteste Bindung des Richters an das Gesetz lehrten, heute den Richtern mit Berufung auf Naturrecht weitgehende Freiheit gegenüber dem Gesetze zuerkennen möchten; und daß der Richterstand von jenen Änderungen der politischen Struktur so ziemlich frei geblieben ist, die sich in der Zusammensetzung des Parlamentes zeigt; so daß zwischen dem heutigen Richterstand und dem Juristenstand nicht jener politische Gegensatz besteht wie zwischen Juristenstand oder doch gewissen Teilen derselben und Parlament.

Die Frage, die auf das Naturrecht zielt, ist die ewige Frage, was hinter dem positiven Recht steckt. Und wer die Antwort sucht, der findet, fürchte ich, nicht die absolute Wahrheit einer Methaphysik noch die absolute Gerechtigkeit eines Naturrechts. Wer den Schleier hebt und sein Auge nicht schließt, dem starrt das Gorgonenhaupt der Macht entgegen.

Holstein-Greifswald: Gewiß rückt auf der einen Seite die Debatte des heutigen Tages mitten in die große weltanschauliche Wendung unserer Zeit hinein, die auf allen Gebieten über die relativistisch-skeptizistische und technisch-spezialistische Haltung hinaus in allen Lebensbeziehungen um letzte metaphysische Absolutheiten ringt. Auf der anderen Seite wird man aber auch betonen müssen, daß auf unserem Arbeitsgebiet die positivistische Methode aus sich selber heraus zu einer anderen Methode höherer Ordnung treibt. Es ist kein Zufall, daß auch ganz ausgesprochen vom Positivismus ausgegangene Juristen diese Wendung zum „neuen Naturrecht" — freilich ein wenig glücklicher Name — vollziehen, wie es kein Zufall ist, daß sich ihnen diese Wendung gerade an Hand der Beschäftigung mit ganz konkreten Rechtsproblemen aufdrängte. Im Grunde zeigt sich der Ansatz dazu selbst in den Ausführungen des zweiten Referenten und mancher Diskussionsredner, die ihm zur Seite traten: schon indem man die Frage nach dem Bedeutungswandel der Gleichheitsforderung aufwirft, stellt man eine jenseits des Positivismus liegende geistesgeschichtliche Frage; indem man die Weimarer Verfassung nach deren vielfachen Ausprägungen hin durchmustert, sucht man nichts anderes als die in ihr sich verwirklichende Rechtsidee, die ja auch nach der Ansicht des zweiten Referenten Geltung haben würde, wenn die Formulierung des Art. 109 I gar nicht in der Verfassung stände. Und indem die Rechtsordnung zurückgeführt wird auf die Rechtsauffassung der Gesamtheit, wird sie eingebettet und erklärt aus einer einheitlichen Summe psychologischer, soziologischer, ethischer Wertvoraussetzungen objektiver Art, dem „Volksgeist" der historischen Schule als einer über und jenseits des positiven Rechts stehenden Gegebenheit. Gegenüber der Sorge der Positivisten, jenseits des positiven Rechts sofort in ein wissenschaftlich völlig ungangbares Terrain subjektiver Spekulation zu kommen und damit reiner Willkür ausgeliefert zu sein, muß betont werden, daß wir schon längst eine zu klarster Sauberkeit und Exaktheit entwickelte begriffsgeschichtliche Methode haben, deren sich alle Geisteswissenschaften in weitestem Umfang bedienen — so die dogmengeschichtlichen Arbeiten von Harnack und R. Seeberg, die ideengeschichtlichen V. Diltheys, die kulturgeschichtlichen von Tröltsch, vor allem aber die rechtsgeschichtlichen Otto v. Gierkes, die jene anderen Arbeiten zum Teil entscheidend beeinflußt haben. Was mir in Hintergrund der heutigen Diskussion zu stehen scheint, scheint mir eben die Wendung zur geistesgeschichtlichen Methode in der Jurisprudenz zu sein, die jene ideengeschichtlichen Zusammenhänge als Erkenntnisquelle gerade für die Erfassung des positiven Rechts fruchtbar zu machen und die Rechtswissenschaft damit zugleich aus der spezialistischen Selbstisolierung des Positivismus herauszulösen versucht. — Damit entfällt auch der Einwand gegen die Möglichkeit der Erfassung der überrechtspositiven Wertordnung, der mit der Vielfältigkeit der Weltanschauungen operiert. Zunächst kommt es in diesem Zusammenhang ja nicht auf die unendliche Vielzahl literatenhaft konstruierter Weltanschauungen an, sondern nur auf jene Wertsysteme, die von soziologischen Verbundenheiten wirklich gelebt werden, und das ist eine verhältnismäßig geringe Zahl, die sich etwa um den Grundkern der rationalistischen, sich demokratisch oder liberal ausprägenden Gruppe, der sozialistisch-marxistischen und der christlich-konservativen Gruppe schichten läßt. Zum zweiten handelt es sich hier um Rechtsanschauung, die in dem Werden an einem gemeinsamen konkreten, positiven Rechtsbesitz ein großes Stück gemeinsamen Besitzes hat; zum dritten sind alle darüber hinaus verbunden durch ein großes Stück gemeinsamer Kulturideen, die sie aus der gemeinsamen Geistesgeschichte übernommen haben — Stücke etwa der christlichen Ethik, bestimmte inhaltliche Werte aus der Epoche des Rationalismus, die großen Einflüsse aus klassischem Idealismus und historischem Denken, die unsere Geisteshaltung so charakteristisch von der Westeuropas unterscheiden. Wir leben trotz und mitten in unserer nationalen Zerrissenheit fortdauernd aus jenem gemeinsamen Erbe, wo wir überhaupt als Volk noch schöpferisch, insbesondere rechtsschöpferisch arbeiten; es muß uns jetzt darauf ankommen, diese Dinge voll ins Bewußtsein zu heben und sie als den großen geisteshistorischen Imperativ unserer Vergangenheit an der drängenden Aufgabe der Gegenwart wirksam werden zu lassen. Darum scheuen wir uns nicht, sondern begrüßen es, daß nicht nur der Richter, sondern schon der Student vor die letzte Lebens- und Wirklichkeitsfrage unserer Wissenschaft gestellt wird. Ihnen mit der skeptischen Wendung „Was ist Gerechtigkeit?" auszuweichen, erinnert doch gar zu sehr an die Pilatusfrage „Was ist Wahrheit?" die eben den Gerechten ans Kreuz schlug. Wie man die starke schöpferische Tätigkeit des Richters im Gegensatz zum demokratischen Prinzip stellen kann, ist ebenso unerfindlich als die Ablehnung unserer Interpretation des Art. 109 als allzu unitarisch. Denn dort handelt es sich nicht um die Frage eines aristokratischen Organisationsprinzips, sondern lediglich um die der Persönlichkeit, die es in ihrer schöpferischen Kraft zu bejahen gilt, wie sich zugleich damit ein Stück der doch auch für Demokratien charakteristischen soziologischen Funktionenverteilung vollzieht; hier aber, im Gebiet der Rechtssetzung, ist die unitarische Frage im deutschen Volksbewußtsein stets im entschlossenen unitarischen Sinn beantwortet worden. Der Kampf um den Art. 109 ist uns damit zugleich ein Herzstück des Kampfes um den Rechtsstaat; so warm und entschlossen dies Ideal auch von den anders gesinnten Interpreten anerkannt wird: wir fürchten doch, daß es sich bei ihrer rein formalistischen Auffassung von Recht allzu leicht verflüchtigt; es hat nur Sinn und Absolutheit, wenn es aus einer inhaltlichen Auffassung von Recht, aus der Idee der Gerechtigkeit heraus verstanden wird.

Heller-Leipzig: Daß der Gleichheitssatz für die Rechtsanwendung keine Überflüssigkeit darstellt, zeigt gerade die von Kaufmann angeführte Behandlung der Schwarzen in den Vereinigten Staaten von Amerika.

Ob man dem Art. 109 Abs. 1 überhaupt einen Inhalt zuerkennt, hängt davon ab, ob man als weltanschaulicher Skeptiker überhaupt keine überpositive Norm heranzuziehen wagt, oder zwar, wie Kaufmann, die rationale Formulierbarkeit einer Gleichheits- und Gerechtigkeitsidee letztlich für unmöglich hält, eine solche aber trotzdem voraussetzt und auch praktisch für bedeutsam hält. Ich stehe auf dem letzteren Standpunkt und halte Kelsens Einwand des Anarchismus für ein Umdrehen des Spießes. Der formalistische Positivismus, der weder die soziologischen, gesellschaftsorganisatorischen Notwendigkeiten, die „Natur der Sache", noch eine metaphysische Gerechtigkeitsidee berücksichtigen will, begnügt sich mit einer theoretischen Scheinobjektivität und verfällt praktisch unweigerlich in den radikalsten Subjektivismus. Daß unsre Auffassung nicht der Ausdruck einer bestimmten politischen Machtstaatslehre ist, geht schon daraus hervor, daß ich auf einem von Kaufmann sehr verschiedenen politischen Standpunkt stehe. Der historistische Einwand, der „Naturrechtsmodernismus" sei lediglich ein Aufschnellen der ewigen Schaukel, ist schon deshalb falsch, weil die abendländische Geschichte erst seit kaum hundert Jahren ohne überpositive Normen auskommen zu können meint. Kelsen hat gewiß recht, daß die Voraussetzung einer positiven Metaphysik eine positive Religion sei, er vergißt aber, daß beide schließlich die Voraussetzung eines echten, d. h. nach oben und nach unten gebundenen juristischen Positivismus sind. Anschütz' Bedenken bezüglich der Konsequenzen (insbes. was das richterliche Prüfungsrecht anlangt) sind gewiß sehr ernst zu würdigen, sind aber Fragen politischer Zweckmäßigkeit.

Hensel-Bonn: Die Weltanschauungsfrage ist heute ganz klar vor uns getreten. Es bestehen Parallelen zwischen Religion und rechtspolitischem Bekenntnis. Man kann sich aber diese Konsequenzen eines religiösen Bekenntnisses nicht recht klar machen, wohl aber die einer rechtsphilosophischen Überzeugung.

Schon im preußischen Kommunalabgabengesetze von 1893 fand sich der Gleichheitssatz. Man bemüht sich jetzt im Steuerrecht ein Gleichheitsprinzip zu finden. Doch erscheinen die Gleichheitsgrundsätze, die das Steuerrecht aufgestellt hat, nicht sehr durchgreifend. Ich darf aber auf etwas ganz anderes, was damit im Zusammenhang steht, hinweisen. Es steht im Versailler Vertrag, daß die steuerliche Belastung in Deutschland nicht geringer sein darf, als in den alliierten Ländern. Was ist aber Gleichheit im Sinne dieser Vertragsnorm? Jetzt erst beginnt man hier die Prinzipien zu suchen. Ich glaube, das könnte uns doch veranlassen, nicht von vornherein uns zum Gleichheitsgedanken ablehnend zu stellen. Denn dieser Frage wird große Bedeutung zukommen. Alle, die an der Tüchtigkeit des Gesetzgebers zweifeln, die die Konsequenzen des Parlamentarismus im Recht nicht als Recht im Sinne des richtigen Rechts ansehen, möchten irgendwelche Widerstände in die Gesetzgebung einschalten. Ich glaube, daß die Einschaltung des Richters als Instanz zur Kontrolle des Gesetzgebers sehr geeignet ist. Die Aufgabe des Gesetzgebers darf nicht erschöpft sein mit der Vereinbarung des Kompromisses im Fraktionszimmer, sondern er muß die Kritik scheuen, die draußen, die vom Richter geübt wird. Das führt nicht zu einer Überordnung, sondern nur zu einer kritischen Stellung des Richters gegenüber dem Gesetz. Wir haben daher die Aufgabe, unsere Schüler auf diese Aufgabe hinzuweisen, sie zu erziehen, nicht im Gesetzgeber, sondern im Rechte die letzte Instanz zu sehen.

Thoma-Heidelberg: Ich möchte zum dritten der vom Herrn Vorsitzenden bezeichneten Punkte sprechen und mich dagegen wenden, dem Richter so ausgezeichnete Befugnisse zuzuschreiben, wie dies der erste Herr Referent getan hat. Seine Auslegung des Art. 109 ermöglicht dem Richter, jedem Landesgesetz die Anwendung zu versagen, indem er seine Unterscheidungen für „willkürlich" erklärt. Das wäre ein Ergebnis, ein solcher Zentralismus, daß es mir ganz ausgeschlossen scheint, daß so etwas in der Verfassung stehen kann. Ebensowenig unterstellt die Reichsverfassung das Reichsgesetz einer richterlichen Prüfung seiner Gerechtigkeit oder angeblichen Willkür. Der Reichstag gibt nach der Reichsverfassung die Gesetze. Man kann das Verhältnis der Organe nicht auf den Kopf stellen, das würde einer besonnenen Gesetzesauslegung nicht entsprechen. Wo die Verfassung wirklich Gleichheit des Gesetzes fordert, da hat sie das ausdrücklich gesagt. Art. 109 hat auch in dieser einschränkenden Auffassung einen sehr bedeutsamen Inhalt.

Ich verstehe es, daß es in unseren Kreisen als erträglich und selbst erwünscht betrachtet würde, wenn die Richter eine solche subjektive Entscheidungsmacht erhielten, denn alle akademisch gebildeten Juristen vereinigt eine gewisse milieugebundene Einheitlichkeit der Rechtsanschauungen. Aber das hat doch seine engen Grenzen und es ist notwendig, daran zu erinnern, mit welcher unversöhnlichen Gegensätzlichkeit sich heute die Wertmaßstäbe gegenüberstehen. Darüber sind die bisherigen Redner mit einer Harmlosigkeit hinweggegangen, die ganz übersieht, wie tief die Nationen zerspalten sind durch den Klassenkampf, durch Bolschewismus, Faszismus usw. Eines Tages kann es sich um ganz grundsätzliche Fragen handeln, vor denen der Richter steht. Es gibt gar keine Rechtsgemeinschaft. Es gibt nur Gruppensubjektivitäten, die sich gegenüberstehen wie Feuer und Wasser. Autonome Entscheidung, autonome Sittlichkeit hat etwas anarchisches; es muß Ordnung sein, wenn unsere Kultur erhalten bleiben soll. Darum muß man dem historisch gesetzten Gesetzgeber sich fügen. Die äußere Anarchie ist zu überbrücken, die Anarchie der Geister jedoch niemals. Wenn der Herr Referent sagt, daß auch er auf dem Standpunkt der autonomen Sittlichkeit steht, so hat er diese Grundsätze so sehr eingeschränkt, daß nicht mehr viel von ihnen übrig geblieben ist. Wenn nun gar angedeutet wurde, die Unterwerfung unter den Willen Gottes könne den Richter erleuchten, so werde ich an jene sarkastische Frage Bismarcks in seinem III. Bande erinnert: „Auf welche Weise der Kaiser sich über den Willen Gottes vergewissert, in dessen Dienst er seine Tätigkeit stellt, darüber wird kaum ein klassisches Zeugnis beizubringen sein[1].“ Wir kommen damit nicht über den Subjektivismus hinaus. Objektiv beweisbar sind diese Dinge niemals. Irgendeiner muß die letzte Entscheidung haben; dabei ist bloß die Frage: soll das das Parlament sein oder der Richter? Die geltende Verfassung stellt das Parlament als dies Organ auf, und nicht den Richter. Wo der Richter entscheidet, da streicht nicht die Parteipolitik die Segel, sondern wird die richterliche Unabhängigkeit bedroht und schließlich vernichtet werden.

Jellinek-Kiel: Man darf nicht unbesehen fremde Rechtsentwicklung auf deutsche Rechtszustände übertragen. In der Schweiz hängt die Handhabung des Art. 4 mit dem geringeren Ausbau des Rechtsschutzes zusammen, so daß alles vor das BG. gebracht wird. Wäre die Anerkennung des Prüfungsrechts wirklich so schlimm? Herr Thoma hat zu schwarz

[1]) Die Stelle steht in Bd. III (1919) S. 125.

gemalt. In der Schweiz ist nichts von Politisierung der Justiz zu spüren, sondern es werden nur Auswüchse der kantonalen Gesetzgebung beschnitten. Der Herr Mitberichterstatter hat gesagt, daß bei Nachprüfbarkeit sachlicher Gleichheit eine Begrenzung nicht mehr möglich sei. Da hilft der vom Herrn Berichterstatter angedeutete Weg, daß der Richter nicht in extenso die Nachprüfung unternimmt, sondern nur die äußersten Grenzen überprüft. Diese Prüfung ist keine Gefahr. Herr Anschütz hat Art. 109 II u. III als Gegenargument ins Feld geführt: Abs. 2 und 3 wären ja sonst überflüssig. Man kann aber Art. 109 I auch anders auffassen: Er verbietet alle unsachliche Ungleichheit auch dem Gesetzgeber. Abs. 3 bedeutet dann eine Einschränkung dieses Grundsatzes, der an sich auch für Standesvorrechte gilt; sie sollen erst aufgehoben werden, sind es aber noch nicht sogleich. Ähnliches gilt von Abs. 2. Art. 109 richtet sich also an den Gesetzesanwender und an den Gesetzgeber.

Hinsichtlich der sachlichen Ungleichheit muß man die Rechtsprechung der Verwaltungsgerichte zur Gültigkeit der Verfügungen heranziehen. So ist das preußische Oberverwaltungsgericht zur Aufhebung einer Verfügung gekommen, wenn sie sich nicht als allgemeiner Grundsatz aufrecht erhalten läßt, und es ist nicht einzusehen, warum das nicht auch auf den Gesetzgeber sollte angewendet werden können. In der Beschränkung auf die äußersten Grenzen möchte ich das Prüfungsrecht anerkennen.

Was die Entscheidung des Reichsgerichts vom November 1925 betrifft, so ist sie noch kein scharfer Schuß gewesen, um einen Ausdruck Thoma's zu gebrauchen. Das Reichsgericht erkennt das Prüfungsrecht an, hat es aber nicht wirklich ausgeübt in dem Sinne, daß es ein Gesetz für ungültig erklärte. Ob wir dem Richter das Prüfungsrecht zubilligen, ist übrigens für die Gefahr einer Politisierung der Rechtsprechung nicht so wesentlich, denn die Gefahr der richterlichen Kompetenzüberschreitung besteht immer.

Schlußwort von **Kaufmann**-Bonn: Ich habe zunächst Herrn Richard Schmidt dafür zu danken, daß er in seinen Ausführungen das, was ich mit meiner These 5, die ich im Vortrage übergehen mußte, besagen wollte, an einem interessanten strafrechtlichen Beispiele erörtert hat. Namentlich auf dem Gebiete des Verwaltungsrechts liegen die Verhältnisse ähnlich, wie überhaupt überall da, wo ein weitgehendes Ermessen verliehen wird. In allen diesen Fällen muß, wenn der Gleichheitssatz nicht verletzt werden soll, sowohl bei der Ausgestaltung der materiellen Normen wie bei der Ausgestaltung der zu ihrer Durchführung bestimmten organisatorischen und Verfahrensvorschriften für ausreichende Garantien gegen eine ungleiche Anwendung der allgemeinen gesetzlichen Bestimmungen gesorgt werden. Es würde insbesondere einen Verstoß gegen den Gleichheitssatz bedeuten, wenn die gesetzliche Bestimmung absichtlich unbegrenzte Ermächtigungen erteilt und so die ausführenden Behörden ermöglicht, ohne formelle Gesetzesverletzung eine differenzielle Behandlung bestimmter Bevölkerungsgruppen vorzunehmen. Namentlich die Judikatur des Supreme Court bietet für das, was ich meine, interessante Beispiele.

Die Gefahren des richterlichen Prüfungsrechts, auf die Herr Thoma erneut hingewiesen hat, mögen bei einem unbegrenzten Prüfungsrecht bestehen. Bei der Abgrenzung, die ich diesem Rechte zu geben versucht habe, bestehen sie nicht: Die hiernach dem Richter obliegenden Aufgaben halten sich durchaus im Rahmen dessen, was der Richter stets und schon jetzt übt, so im Polizeirecht, bei der Frage der Gleichmäßigkeit der Besteuerung im Kommunalrecht, bei der Ausgestaltung des internationalen Privatrechts usw. Ihm zu gestatten, das, was er gegenüber Polizeiverordnungen, Kommunalstatuten usw. zu üben gewohnt ist, auch Gesetzen gegenüber zu tun, entfremdet ihn daher nicht seinen spezifischen Aufgaben. Freilich die Frage nach der Wahl der jeweils anzuwendenden Gerechtigkeitsprinzipien ist eine spezifisch legislatorische, die daher auch ich der richterlichen Prüfung entziehe.

Endlich die Frage der Verwendung der rechtsvergleichenden Methode für die Auslegung des Gleichheitssatzes. Ich sehe nicht, wie man angesichts der Tatsache, daß dieser Satz dem Rechtsbewußtsein der zivilisierten Menschheit angehört, diese Methode so ablehnen kann wie vielfach heute geschehen ist. Als solcher findet es sich nicht nur in den einzelnen rationalen Rechten, sondern er ist ein anerkannter und geltender Satz der internationalen Rechtsgemeinschaft. Wenn irgendwo, ist also hier die rechtsvergleichende Methode am Platze.

Als Bestandteil des Rechtsbewußtseins der heutigen Kulturwelt ist der Gleichheitssatz, wie erwähnt, in den Minderheitsverträgen bezeugt. Denn, wenn diese Verträge auch nur von gewissen Staaten abgeschlossen worden sind, so ist doch in deren Präambeln zum Ausdruck gebracht, daß sich diese Staaten damit nur international gegenüber den Großmächten bzw. dem Völkerbundrate verpflichten, in ihren Gebieten die Prinzipien der Freiheit und Gerechtigkeit zu realisieren, die auch ohne die besondere internationale Garantie gelten, um deretwillen die besonderen Minderheitsverträge abgeschlossen wurden. Es kann nach dem Artikel 1 dieser Verträge aber nicht zweifelhaft sein, daß auch Gesetze der Prüfung ihrer Übereinstimmung mit dem Gleichheitssatze unterliegen. In diesem Sinne hoffen die Minderheiten vom finnischen Meerbusen bis in den Süden der Balkanhalbinsel und bis Kleinasien auf den Gleichheitssatz. Und der Ständige Internationale Gerichtshof hat ihn bereits gegenüber einem polnischen Gesetze in diesem Sinne ausgelegt und angewendet. Meine These entspricht also dem positiven Recht. Die Positivisten sind durch positive Tatsachen widerlegt. Gerade wenn man seinen Blick über das eigene staatliche Recht hinaus wendet, wird man sehen, daß die von mir vertretene These zum anerkannten Bestande des Rechtsbewußtseins der heutigen Menschheit gehört.

Schlußwort von **Nawiasky**-München: Zunächst ein paar ganz kurze Bemerkungen zu einigen Ausführungen in der Diskussion.

Ich habe die Rechtsphilosophie nicht als kriminell abgelehnt, sondern ich habe sie ausgeschaltet, weil meiner Ansicht nach Recht und Philosophie des Rechts zwei verschiedene Dinge sind. Die Verbindung zwischen beiden Gebieten wurde durch das Jus divinum hergestellt. Für den Bereich der katholischen Kirche erkenne ich dieses an, für den Bereich des staatlichen Rechts muß ich es ablehnen.

Wichtiger als die verschiedenen Streitpunkte erscheint mir am Schlusse die Frage: Sind wir weiter gekommen?

Es sind im ganzen fünf verschiedene Auffassungen zutage getreten.

Erstens: Anschütz bis zur zweiten Auflage seines Kommentars: Nur Rechtsanwendungsgleichheit. Diese Ansicht wird heute wohl nirgends mehr vertreten werden.

Zweitens: Anschütz heute: Rechtsgleichheit in persönlicher Beziehung als Programmsatz.

Drittens: Meine Ansicht. Ausgehend von einer gewissen Vorsicht hatte ich unterschieden zwischen der Gesetzesanwendung, hinsichtlich deren die sachliche Gleichheit für mich keinem Zweifel unterliegt — dies will ich in bezug auf die Ausführungen Triepels hervorheben — und der Gesetzgebung, für die ich den Standpunkt der persönlichen Gleichheit vertrete.

Viertens: Kaufmann. Insbesondere der unendlich wichtige Satz der These 8.

Fünftens: Triepel. Gleiche Tatbestände müssen gleich behandelt werden.

Welcher Auffassung man sich anschließen will, richtet sich nach der Auslegung, die man dem positiven Material, seinem Ideeninhalt gibt. Aber seinem immanenten Ideeninhalt, nicht einem transzendenten. Das bemerke ich mit Bezug auf Holstein. Nach Völkerrecht mag der positive Ideeninhalt anders liegen, obwohl die vorgebrachten Beispiele das Moment der persönlichen Gleichheit aller Staatsangehörigen ohne Unterschied der Volkszugehörigkeit stark hervorheben. Aber daraus sind Rückschlüsse auf die Reichsverfassung nicht zulässig.

III. Zweiter Beratungsgegenstand:

Der Einfluss des Steuerrechts auf die Begriffsbildung des öffentlichen Rechts.

1. Bericht von Professor **Dr. Albert Hensel** in Bonn.

Leitsätze.

Der Bericht kann sich nicht darauf beschränken nachzuweisen, in welchem Umfange das Steuerrecht tatsächlich bereits Einfluß auf die Begriffsbildung des öffentlichen Rechts ausgeübt hat: bei solcher Beschränkung der Fragestellung würde im wesentlichen nur ein negatives Ergebnis festgestellt werden müssen. Der Bericht wird vielmehr den Versuch machen, darzustellen, inwieweit das neue Steuerrecht die Begriffsbildung des öffentlichen Rechts möglicherweise befruchten kann.

1. Voraussetzung für eine solche Untersuchung ist, daß man das Steuerrecht als ein in sich geschlossenes Rechtsgebiet mit eigenartiger und eigengesetzlicher Begriffsbildung anerkennt.

2. Diese Anerkennung kann für das neue deutsche Steuerrecht schon in seinem gegenwärtigen (wenn auch keineswegs abgeschlossenen) Entwicklungsstadium erfolgen. Bestimmend dafür ist:

a) *Die Schaffung einer einheitlichen Verwaltungsorganisation des Reichs, deren Hauptträger eine fachlich vorgebildete Beamtenschaft ist.*

b) *Der Erlaß der Reichsabgabenordnung, die (trotz starker Reformbedürftigkeit im einzelnen) eine geeignete Grundlage für den Aufbau eines allgemeinen Teils des Steuerrechts bildet.*

c) *Die im ganzen den Bedürfnissen des besonderen Verwaltungszweiges gerecht gewordene siebenjährige Rechtsprechung des Reichsfinanzhofes, welche auf dieser Grundlage eine Reihe von wichtigen Rechtssätzen allgemeiner Bedeutung entwickelt hat.*

d) *Die steigende Beschäftigung der Wissenschaft mit Problemen des Steuerrechts, die in Einzelfragen bereits zur Klärung geführt hat, im übrigen aber bis jetzt erst einen Anfang zur Durchdringung der Eigenarten dieses Sondergebietes des Verwaltungsrechtes darstellt. Enge Verbindungen des Steuerrechts mit dem sonstigen öffentlichen Recht, insbesondere mit dem allgemeinen Teil des Verwaltungsrechts, sind vorläufig noch nicht in erheblichem Umfange wissenschaftlich nachgewiesen worden.*

3. Das Steuerrecht kann einen allgemeinen Teil des Verwaltungsrechts methodisch vor allem dadurch beeinflussen, daß es die Verwaltungsrechtswissenschaft veranlaßt, ihr Augenmerk mehr, als es bisher der Fall war, der rechtlichen Eigenart der einzelnen Verwaltungszweige zuzuwenden. Ein allgemeines Verwaltungsrecht kann sich — wenn überhaupt — nur auf den in ihrer Eigengesetzlichkeit gewürdigten Einzelgebieten des Verwaltungsrechts aufbauen.

4. Die rechtliche Eigenart des neuen Steuerrechts liegt in der Ausbildung des rechtsstaatlichen Eingriffsrechts; dessen wichtigste Elemente sind: Aufstellung abstrakter Tatbestände durch den Gesetzgeber, — Entstehung des Grundpflichtverhältnisses durch Verwirklichung des Tatbestandes — keine Möglichkeit zur Eingriffsgestaltung durch freies Ermessen, soweit das Grundverhältnis zu Lasten des Verpflichteten abgeändert werden soll. — Hiernach kann das steuerliche Grundverhältnis nicht als ein Gewaltverhältnis bezeichnet werden: es wird durch die Bezeichnung „gesetzliches Schuldverhältnis des öffentlichen Rechts" am besten charakterisiert. Die obrigkeitliche Überlegenheit des Steuergläubigers über den Steuerschuldner tritt erst bei Durchführung des (rechtsstaatlich geordneten und mit Rechtsschutzgarantien umgebenen) Steuerverfahrens und nur an einzelnen, allerdings entscheidenden Stellen hervor. Ein Gewaltverhältnis könnte allenfalls in der Ausgestaltung einzelner steuerrechtlichen Nebenpflichten (Duldungspflicht gegenüber der Steueraufsicht, erzwingbare Erklärungspflicht ohne vorherige Feststellung, daß Steuerpflicht dem Grunde nach besteht, u. ä.) erblickt werden; die Konstruktion eines allgemeinen Abgabengewaltverhältnisses ist (vor allem auch deshalb, weil sie rechtsstaatlichen Grundanschauungen widerspricht) abzulehnen.

5. Einzelne allgemeine Lehren, die in letzter Zeit auf dem Gebiete des Steuerrechts entwickelt worden sind, erscheinen geeignet, auf anderen Gebieten des öffentlichen Rechts Einfluß zu gewinnen:

a) Auslegung nach dem „Zweck des Gesetzes" und seiner „wirtschaftlichen Bedeutung" unter Berücksichtigung der „Entwicklung der Verhältnisse" (§ 4 AO.) steht nicht im Gegensatz zu einer sog.

„rein juristischen Auslegungsmethode". § 4 AO. warnt lediglich vor Starrheit der Begriffsbildung und vor kritikloser Wortinterpretation; er fordert dazu auf, nachzuprüfen, ob im typischen Einzelfall zur Erzielung eines befriedigenden praktischen Ergebnisses nicht Modifikationen einzelner Begriffsmerkmale vorgenommen werden müssen. Die Handhabung dieses obersten Auslegungsgrundsatzes ist vor allem Aufgabe der höchsten Gerichte.

b) *Der Grundgedanke der Generalklausel zur Verhinderung der Steuerumgehung (§ 5 AO.) kann bei vorsichtiger Anwendung Einfluß auf andere Gebiete des öffentlichen Rechts gewinnen. Ein Ansatz dazu ist in der Rechtsprechung des preußischen OVG. bereits vorhanden.*

c)[1]) *Die auf § 6 AO. gegründete Ermessenslehre des RFH. ist namentlich in ihrer Auswirkung auf die Rechts- und Ermessenskontrolle geeignet, Einfluß auf andere Gebiete des öffentlichen Rechts zu gewinnen. Für das Polizeirecht (namentlich soweit es seine Eingriffe auf Generalklauseln wie 10, II 17 ALR. stützt) ist freilich zu beachten, daß das „Tatbestandsermessen" gegenüber dem „Verfahrensermessen" im Steuerrecht nur eine geringe Rolle spielt.*

d) *Die neuerdings von Wissenschaft und Rechtsprechung entwickelte Lehre, daß „Nichtigkeit eines Rechtsgeschäfts" keineswegs völlige Unbeachtlichkeit auf allen Rechtsgebieten zu bedeuten braucht, daß insbesondere das wegen Unsittlichkeit oder Strafbarkeit nichtige Rechtsgeschäft, wenn nur seine wirtschaftlichen Folgen aufrechterhalten werden, als ausreichend zur steuerlichen Tatbestandsverwirklichung angesehen werden kann, ist geeignet, die allgemeine Rechtslehre zu befruchten und von da aus Einfluß auf die Nichtigkeitslehre des öffentlichen Rechts zu gewinnen.*

e) *Die an § 80 AO. anknüpfende Lehre vom sog. „steuerrechtlichen Eigentum" und die namentlich aus § 86 AO. entwickelte Lehre von der sog. „steuerlichen Rechtsfähigkeit" können verallgemeinert dazu beitragen, die Lehren über „Rechtsfähigkeit" und „Verantwortlichkeit des Besitzers" im öffentlichen Recht zu befruchten.*

---

[1]) *Die These 5c ist im Bericht nicht besonders behandelt worden, da sie mit These 5 des Herrn Mitberichterstatters im wesentlichen übereinstimmt.*

Demjenigen, der in den letzten Jahren einen großen Teil seiner Arbeitskraft in den Dienst des Steuerrechts gestellt hat, wird die Grundvoraussetzung, von der die Fragestellung des Themas ausgeht, nicht ganz unproblematisch erscheinen: Das Steuerrecht soll seine wissenschaftliche Existenzberechtigung nachweisen; dieser Forderung wird es nur dann genügen, wenn es sich imstande zeigt, sich der Gesamtwissenschaft vom öffentlichen Recht nicht nur einzugliedern, sondern sie auch zu seinem Teile zu befruchten. Jegliche Befruchtung kann aber nur von einem bereits zu einer gewissen Reife gelangten Organismus ausgehen; zweifelhaft erscheint, ob man dem neuen deutschen Steuerrecht schon in seinem gegenwärtigen Entwicklungsstadium dieses Zeugnis der Reife zuerkennen darf.

Somit gehört die Untersuchung der Frage, ob das Deutsche Steuerrecht schon jetzt als ein in sich geschlossenes Rechtsgebiet mit eigenartiger und eigengesetzlicher Begriffsbildung anerkannt werden darf, an den Anfang des Berichts. — So muß jedenfalls meines Erachtens die heute gestellte Aufgabe aufgefaßt werden. Sie könnte sich allerdings auch darauf beschränken, einige wenige Rechtsfiguren des Finanzrechts herauszugreifen und an ihnen gewisse Verbindungslinien zu anderen Gebieten des öffentlichen Rechts aufzuweisen. Aber abgesehen davon, daß sich der Kreis dieser Möglichkeiten bei näherem Zusehen als recht eng erweist (für das Privatrecht wäre eine solche Beziehungslehre weit fruchtbarer, weil das Steuerrecht seine Tatbestandsmerkmale zumeist dem bürgerlichen Rechtsleben entnimmt), würde es mir auch schwer werden, auf diesem Wege zu dem Nachweis einer wirklichen Beeinflussung (i. S. von Gestaltung) der öffentlich-rechtlichen Begriffsbildung zu gelangen: Man würde gelegentlich, etwa beim Begriff des Gewerbes, der bekanntlich auf vielen Einzelgebieten des Steuerrechts eine erhebliche Rolle spielt, die Übereinstimmung oder Nichtübereinstimmung mit anderen Rechtsfiguren, wie dem Gewerbebegriff der GewO. oder des Strafrechts, feststellen können, ohne daß damit ein über ein zufälliges und belangloses Ergebnis wesentlich hinausgehender Wert gewonnen würde. Nicht das Steuerrecht hätte hier einen Einfluß auf das übrige öffentliche Recht ausgeübt, sondern allenfalls der im Steuerrecht verwendete Einzelbegriff. Die Klärung der Vorfrage: Gibt es ein Steuerrecht im wissenschaftlichen Sinne, erweist sich als unumgänglich notwendige Voraussetzung für den mir übertragenen Bericht.

Diese Vorfrage ist noch in allerneuester Zeit von einem Mitglied unserer Vereinigung, dem gerade das Steuerrecht für wertvolle Untersuchungen zu größtem Dank verpflichtet ist, glatt verneint worden[1]): Die Zeit, das deutsche Steuerrecht einer systematischen Durchforschung zu unterziehen, sei bis jetzt noch nicht gekommen. Das gegenwärtige Finanzrecht fuße zum großen Teil noch auf den Gesetzen der Inflationszeit, deren Beschränkung auf eine kurze Zeitspanne von vornherein beabsichtigt war; somit fehlten bisher für eine eindringliche dogmatische und systematische Behandlung der Materie die Voraussetzungen. Gibt man die Richtigkeit dieses Standpunktes zu, so muß man folgerichtig die bisherigen Ansätze zur systematischen Behandlung des Steuerrechts als unwissenschaftlich ablehnen, das gegenwärtige Vorhandensein einer Gesamtdisziplin „Steuerrecht" leugnen. Unsere — durch die praktische Wichtigkeit der Materie geforderte — Behandlung im Kolleg hätte sich dann vorläufig auf eine Sammlung des Rechtsstoffs in enger Anlehnung an die Gesetze zu beschränken. Wissenschaftlich hätten wir zunächst nur die Aufgabe: „in sorgfältiger Einzelforschung die wesentlichen Probleme durchzuarbeiten und damit erst die Voraussetzungen für eine Systematik zu schaffen." Mein Bericht könnte mit dieser Feststellung schließen.

Gegen diesen Standpunkt ließe sich aber vielleicht doch einiges geltend machen: Zunächst kann zwar nicht bestritten werden, daß die Inflationszeit und stärker noch die Stabilisierungsperiode in der II. und III. Steuernotverordnung wesentliche Teile des Steuerrechts beeinflußt und umgewandelt hat, namentlich die im Vordergrund des wissenschaftlichen Interesses stehenden Steuern vom Einkommen und Vermögen, die vorübergehend aus Veranlagungssteuern fast zu reinen Verkehrssteuern geworden sind. Damit ist auch das gesamte Verfahrensrecht in einige Verwirrung geraten. Andererseits aber haben sich große Teile des materiellen Steuerrechts (Zölle, Verbrauchsabgaben, Verkehrssteuern) auch in den Wirren der Inflation im rechtlichen Aufbau als widerstandsfähig erwiesen, wenn man von den rechtswissenschaftlich belanglosen Tarifänderungen absieht; und namentlich die Reichsabgabenordnung — für die Rechtswissenschaft der notwendige Ausgangspunkt für jegliches Eindringen in das neue Gebiet — ist in den fünf Jahren ihres Bestehens nur in Einzelheiten abgeändert worden. Man darf nicht übersehen: Die Erzbergersche Finanzreform von 1919 und auch die Wirthsche Finanzreform von 1922 wollten etwas Dauerndes schaffen, und eigentlich erst im Augenblick der Stabilisierung hat man begonnen, das Steuerrecht auf vorübergehende Notzustände einzustellen. Unterhalb der

[1]) Lassar in der Besprechung von Enno Becker, Reichsabgabenordnung, 3. u. 4. Aufl. Arch. d. öff. Rechts, n. F., 9 S. 371f.

Wirren der Inflation floß ein Strom von verhältnismäßig ruhiger Gesetzesstabilität, dessen wissenschaftlich treibende Kraft größer war, als es äußerlich den Anschein haben mochte.

Dazu kommt ein anderer Gesichtspunkt: Die Ausbildung eines Sondergebiets des Verwaltungsrechts ist meines Erachtens nicht, zum mindesten nicht in erster Linie, von der Aufstellung eines wissenschaftlichen Systems abhängig. Maßgebend sind in erster Linie Einflüsse der Gesetzgebung, der Organisation und der Rechtsprechung, und diese haben in merkwürdig einhelligem Gesamtwirken seit der Revolution dazu beigetragen, dem Steuerrecht Einheitlichkeit, Selbständigkeit und Eigengesetzlichkeit zu schaffen und das Geschaffene auszubauen.

Bestimmend war in diesem Entwicklungsprozeß nicht einmal so sehr die mit vermeintlichen politischen Notwendigkeiten begründete erweiterte Inanspruchnahme der Reichskompetenz auf dem Gebiete des materiellen Steuerrechts (wenn natürlich auch die Reichseinkommensteuer, die neue Reichsumsatzsteuer, die Reichsvermögensteuer ihre Spuren im System hinterlassen haben); wirklich bestimmend war vielmehr die Schaffung einer einheitlichen Sonderorganisation des Reichs zur Verwaltung der Reichssteuern, die Regelung der Verwaltungstätigkeit auf diesem Sondergebiete durch ein umfassendes Steuergrundgesetz, die Reichsabgabenordnung, und endlich die Kontrolle der gesamten Reichssteuerverwaltung durch die Rechtsprechung eines Sonderverwaltungsgerichts, des Reichsfinanzhofs, dessen entscheidende Wirksamkeit erst nach dem Erlaß der AO. eingesetzt haben dürfte. Die Bedeutung dieser drei Hauptfaktoren bei der Ausbildung des neuen deutschen Steuerrechts bedarf noch einer etwas eingehenderen Würdigung:

Nicht mit Unrecht beginnt man neuerdings in der Methodik des Verwaltungsrechts die Organisationsprobleme wieder in den Vordergrund zu rücken. Bei dem notwendigen Einfluß, den das Verwaltungsorgan auf die Anwendung des Gesetzesstoffes im wirklichen Leben besitzt, ist die Zuweisung der Vollziehung bestimmter Verwaltungsgesetze an einen bestimmten Organisationstypus oftmals entscheidend für den tatsächlichen Rechtsinhalt der niemals erschöpfend bestimmenden Norm. Wissenschaftliche Täuschung ist es, an den unveränderlichen Gesetzesinhalt zu glauben, gleichgültig welcher Organisationskörper das Gesetz in die Wirklichkeit umzusetzen hat. Wäre es anders, so würde eines der Hauptprobleme des gegenwärtigen Verwaltungsrechts, die Staats- und Gemeindeverwaltungsreform namentlich in Preußen, jedes rechtswissenschaftliche Interesse verlieren und zur Frage der Technik herabgedrückt werden. So kann auch die Bedeutung der Neuorganisation der Steuerverwaltung durch Erzberger im Jahre 1919 nicht leicht überschätzt werden. Man mag die Schwenkung vom Grundsatz der Verwaltungshilfe zur reichseignen Verwaltung im damaligen Zeitpunkt für einen taktischen Fehler halten: sicher ist aber, daß die Usurpation fast der gesamten Steuerverwaltung durch das Reich dessen faktische Machtstellung im bundesstaatlichen Gefüge Deutschlands nicht unerheblich verstärkt hat, fast ebenso sehr, wie die gleichzeitig vollzogenen Neuschöpfungen des Reichsheers und der Reichseisenbahnen. Für uns ist dabei namentlich von Interesse die unmittelbare Anweisungsgewalt des Reichsfinanzministers an die untersten Organe des Verwaltungsapparates. Die Brechung des Reichssteuerrechts durch die Vollzugsanweisungen der bundesstaatlichen Verwaltungsspitzen, die z. B. beim Wehrbeitrag zu nicht unerheblicher Strahlenabsorption geführt hatte, kam in Fortfall. Kaum jemals ist in Deutschland eine Verwaltung, deren Aufgabe sich nicht in technischen Funktionen erschöpfte, sondern in Rechtsanwendung bestand, so scharf zentralisiert gewesen, wie die Reichsfinanzverwaltung in den ersten Jahren ihres Bestehen (erst in neuerer Zeit scheint man den Landesfinanzämtern durch Dekonzentration eine stärkere Vollzugsselbständigkeit einräumen zu wollen). Das hat seine Nachteile gehabt, hat aber sicherlich dazu beigetragen, die einheitliche Anwendung der Steuergesetze nach Möglichkeit zu gewährleisten.

Die Verwaltungsneuorganisation hatte eine weitere, bisher nur selten beachtete Folge[1]): Die Steuerverwaltung, die bisher vielfach von den Organen der allgemeinen inneren Verwaltung wahrgenommen worden war, wurde zur Spezialverwaltung, sie wurde — das Wort richtig verstanden — entpolitisiert. Damit entfielen beim Steuervollzug jene mannigfachen, schwer erfaßbaren und wägbaren Einflüsse, die allein schon z. B. in der Doppelstellung des Landrats als Organ der politischen Verwaltung und als Vorsitzenden der Veranlagungsausschüsse gelegen waren; es entfiel aber auch für die mittlere Beamtenschaft als dem eigentlichen Träger der Verwaltungsgeschäfte die Vorbildung in anderen Verwaltungszweigen, das Wechseln der Verwaltungstätigkeit, damit die selbstverständliche Einsicht in die wichtigsten Lebenszusammenhänge, die Kommunalpraktikern in reichlichem Maße zur Verfügung stand. Das nur schwach vertretene Laienelement in den sehr summarisch arbeitenden Steuerausschüssen konnte diese Verbindung nicht ersetzen. Die Steuerverwaltung war zur straff zentralisierten,

[1]) Vgl. den Aufsatz von Erich Kaufmann, Die reichseigne Steuerverwaltung — ihre politische Bedeutung und ihre verfassungsrechtlichen Grundlagen, Recht und Wirtschaft, 8. Jahrg., S. 211ff.

aus fachlich geschulten Beamten bestehenden, reichseinheitlichen Verwaltung geworden, auf die der Ausdruck „Beamtenheer" in mehr als einem Sinne paßte. Erst jetzt wurden die Steuergesetze mit der gleichen Disziplin durchgeführt, wie sie der Heerführer von seinen Soldaten verlangen kann.

Sozusagen die Felddienstordnung für dieses Heer bildet die Reichsabgabenordnung, das Grundgesetz des gesamten Steuerverwaltungs- und Steuerstrafrechts des Reichs, einschließlich des Rechtsmittelverfahrens, dessen Bedeutung aber auch für das Steuerrecht der Länder und Gemeinden, sowie der Kirchen ständig wächst. Daß die AO. außerdem noch wichtige materielle Rechtsvorschriften enthält, ist bekannt. Außer den allgemeinen Grundsätzen der ersten Paragraphen, deren Bedeutung später ausführlich zu würdigen sein wird, hat aus dem Tatbestandsrecht vor allem die Bewertungslehre Aufnahme in die AO. gefunden; gerade dieser Teil ist freilich neuerdings durch das Reichsbewertungsgesetz entscheidend umgestaltet worden. Daneben sei auf wichtige Sätze über die Entstehung und Endigung der Steuerschuld (-pflicht), die Person des Steuerschuldners, die Haftung für fremde Schuld im Steuerrecht, die Erstattungsansprüche usw. verwiesen. Aus dieser Stichwortübersicht über den von der AO. aufgenommenen Rechtsstoff wird der gesetzpolitische Zweck, den ihre Verfasser verfolgten, deutlich: Man sagt häufig, die AO. habe einen allgemeinen Teil des Steuerrechts geschaffen. Das ist wohl nicht ganz richtig, denn in den Einzelsteuergesetzen sind immer noch viele Vorschriften enthalten, die einer gemeinschaftlichen Behandlung wohl zugänglich wären. Die Hauptbedeutung der AO. liegt meines Erachtens (und wird vermutlich immer liegen) in der Aufstellung einheitlicher Verwaltungs- und Verfahrungsgrundsätze, und hier dürfte wohl auch die stärkste Möglichkeit, das allgemeine Verwaltungsrecht zu beeinflussen, gegeben sein. Einzelheiten hierzu wird der Bericht von Herrn Prof. Bühler bringen. Vorläufig sei aber doch festgestellt, daß ihr Verfasser, der jetzige Präsident des VI. Senats am RFH. Dr. h. c. Enno Becker bei der Formulierung einzelner Abschnitte (z. B. über Verfügungen § 73ff.) bewußt auf die bisherigen Ergebnisse von Rechtsprechung und Wissenschaft — und zwar keineswegs nur, nicht einmal hauptsächlich in Steuerangelegenheiten — zurückgegriffen hat. Hier ist also eine allgemeine Beziehung zwischen dem neuen Steuerrecht und dem sonstigen Verwaltungsrecht gegeben. Und vielleicht ist in diesem Zusammenhange die Tatsache nicht uninteressant, daß der Verfasser des Entwurfs sich bis zu dem Zeitpunkt, in dem jene neue Aufgabe an ihn herantrat, kaum mit dem Steuerrecht beschäftigt hatte, wohl aber die — wohl nur in

Kleinstaaten in diesem Umfange mögliche — vielseitige Ausbildung als Zivil- und Strafrichter, als Referent in den verschiedensten Ministerien, als Justitiar der Eisenbahnverwaltung neben seerechtlicher Betätigung erhalten hatte. Die AO. ist das Werk eines Praktikers, aber nicht das eines Steuerrechtlers. Das erklärt ihre großen Vorzüge, weist aber auch auf manche Schwächen hin. Nawiasky[1]) hat neuerdings (unter Aufrechterhaltung seines allerdings vereinzelt dastehenden Verdammungsurteils über das ganze Werk) vor allem darüber Klage geführt[2]), daß gerade die wenigen von der Steuerrechtswissenschaft bis dahin erarbeiteten Ergebnisse, z. B. die seines Erachtens notwendige und grundlegende Unterscheidung in Veranlagungs- und Nichtveranlagungssteuern, von der AO. ohne zwingenden Grund nicht berücksichtigt worden seien; dagegen sei in falschem wissenschaftlichem Ehrgeiz vieles in Formeln gezwängt worden, was der Formulierung (wenigstens vorläufig) noch nicht bedurft hätte. Ich selbst[3]) habe gelegentlich auf tiefliegende Mängel des dem Gesetze zugrunde liegenden Systems hingewiesen und betont, daß durch die Überhast der Entwurfsarbeit (Becker standen für die 463 Paragraphen nur zwölf Monate zur Verfügung und bekanntlich ist sein Entwurf weder von der Regierung noch im Parlament erheblich geändert worden) auch in den Einzelformulierungen manches unscharf ausgefallen sei; allerdings nahm ich an, daß sich diese Schwächen durch eine gründliche Reform beseitigen lassen würden. Lassar[4]) wiederum glaubt gelegentlich vor jedem Reformversuch warnen zu sollen; nur Überschätzung der Bedeutung des geschriebenen Rechts könne einer grundlegenden Reform das Wort reden. Vorwürfe — die zum Teil nicht unberechtigt sein mögen, sich aber wohl aus der damaligen Situation heraus erklären lassen — sind inhaltlich vor allem in der Richtung hin erhoben worden, die AO. habe die Rechte des Staates bei der Steuerverwaltung allzu sehr auf Kosten des Steuerpflichtigen verstärkt; er vermöge sich stets und unter allen Umständen durchzusetzen, während die Wahrung der an sich vorhandenen Gegenrechte der Untertanen nicht in gleicher Weise gesichert sei[5]). Ich kann es hier dahingestellt sein lassen, ob und inwieweit die verschiedenen Wertschätzungen der AO. zutreffend sind oder nicht. Zweierlei ist jedenfalls sicher: Kein anderer Zweig des Ver-

---

[1]) Nawiasky, Steuerrechtliche Grundfragen. München 1926.
[2]) A. a. O. S. 16 und S. 39.
[3]) Vgl. Hensel, Steuerrecht 1924, S. 8[1] und S. 220.
[4]) A. a. O. S. 373.
[5]) Vgl. etwa Waldecker, Archiv für Rechtsphilosophie, Bd. XVIII Heft 1 in der Besprechung meiner Darstellung des Steuerrechts.

waltungsrechts hat „allgemeine Lehren" in Gesetzesform in gleichem Umfange aufzuweisen, wie das neue deutsche Steuerrecht in der AO. — und diese (teilweise in enger Anlehnung an die Wissenschaft gewonnenen) Rechtssätze haben sich in den vollen fünf Jahren ihrer Geltung in ständig wachsendem Maße als ein brauchbares Arbeitsinstrument für Praxis und Rechtsprechung erwiesen. Daß hierfür nicht zum wenigsten ihre Unbestimmtheit und Ausdehnungsfähigkeit bestimmend war, möchte ich geradezu betonen. Für viele Abschnitte der AO. gilt der klassische Satz: Kautschuk ist der einzige Stoff, mit dem der Jurist arbeiten kann.

Die AO. ist für die umfangreiche Rechtsprechung des RFH. wohl bestimmend gewesen, hat sie aber niemals in die engen Schranken eingezwängt, die gerade in den Inflationsjahren verhängnisvoll hätten werden müssen. Und so hat die rechtschöpferische Tätigkeit des obersten Steuergerichts nicht zum wenigsten mit dazu beitragen können, das Steuerrecht in seiner spezifischen Eigenart zu entwickeln, seine Eigengesetzlichkeit klarzustellen und an vielen Stellen neue Rechtssätze dieses Gebietes, gestützt auf mehr oder weniger lakonische Anregungen der AO., zu entwickeln. Diese Rechtsprechung, über die im Reichssteuerblatt fortlaufend neben den amtlichen Erlassen berichtet wird, hat dann in erheblichem Maße die Tätigkeit der Steuerverwaltungsbehörden und Gerichte beeinflußt. Grundlegenden Urteilen des RFH. kommt in der Praxis fast noch größere Bedeutung zu, als Verordnungen der vorgesetzten Behörde, mag auch der neuartige Versuch des § 43 AO., dem Gerichte durch Begutachtung theoretischer Fragen eine besonders starke Beeinflussung der Verwaltung zu verstatten, nicht als voll geglückt angesehen werden.

Über die hohe Bedeutung der Rechtsprechung des RFH. sind sich wohl die meisten Beurteiler einig. Mag man an einzelnen Urteilen (namentlich an den Begründungen) noch so scharfe Kritik üben, im ganzen hat sich das Gericht auch in den schwierigsten Tagen der Inflationsperiode seiner Aufgabe voll gewachsen gezeigt. Nur daß diese Aufgabe in der Hauptsache doch eben eine Spezialaufgabe war. Die Fälle, in denen der RFH. sich mit schwierigen Fragen des Staats- oder Völkerrechts, oder aus anderen Gebieten des Verwaltungsrechts auseinanderzusetzen hatte, sind verhältnismäßig selten; unverhältnismäßig oft wird man aber gerade gegen diese Urteile starke Bedenken haben müssen[1]). Ein Führer auf dem Gebiete

---

[1]) Vgl. dazu etwa Enno Becker, Ist die Verordnungsgewalt, die dem Reichspräsidenten nach Art. 48 Abs. II der Reichsverfassung zusteht, durch das Ermächtigungsgesetz eingeschränkt? Steuer und Wirtschaft 1925 S. 1ff. — Für die frühere Zeit etwa

des gesamten Verwaltungsrechts, ein Künder der Verfassung, ein Anreger des Völkerrechts ist der RFH. nicht geworden; die Rechtsprechung des Reichsgerichts (etwa bei Auslegung der Reichsverfassung) ist für die Wissenschaft von ungleich größerer Bedeutung als die Urteile des RFH. auf diesem Gebiete. Die Gründe dafür zu erörtern, erübrigt sich hier; die dem Gericht gestellten Aufgaben mögen es nur selten auf allgemeine Fragen des öffentlichen Rechts hinweisen; aber es ist kaum zu leugnen, daß die Tatsache einer gewissen Isoliertheit des Gerichts besteht, daß es doch stärker zum Spezialgericht geworden ist, als man erhofft hatte. Und diese Abgeschiedenheit ist für das neue deutsche Steuerrecht zum mindesten von Bedeutung geworden. Denn fassen wir nunmehr das Ergebnis zusammen: die reichseigene Finanzverwaltung bestehend aus Spezialbeamten, die in der Hauptsache nur auf ihrem Spezialgebiete ausgebildet und geschult sind, die sich — dank der AO. — auch in komplizierteren allgemeinen Fragen ausschließlich in Spezialgesetzen, Spezialliteratur und Spezialjudikatur Rat zu holen brauchen, die Rechtsprechung des obersten Steuergerichts, dessen Eigenart als Spezialverwaltungsgericht deutlich erkennbar ist, haben zwar das neue Steuerrecht zu einer beachtlichen rechtstechnischen und rechtswissenschaftlichen Höhe geführt, haben aber die Fühlung mit den übrigen Gebieten des öffentlichen Rechts nur selten gefunden. Die wachsende Verfeinerung des Steuerrechts scheint vorläufig mit seiner Isolierung von anderen Rechtsgebieten Hand in Hand zu gehen[1]). Symptomatisch dafür ist die steigende Tendenz, auch mit den im Steuertatbestand verwendeten Begriffen des Privatrechts eigengesetzlich zu verfahren, eine Tendenz, die ich persönlich in der scharfen Ausprägung, die sie neuerdings gefunden hat[2]), für bedenklich auch für das Steuerrecht halte[3]). Es leuchtet ein, daß unter diesen Verhältnissen die bisher wahrgenommenen Möglichkeiten des Steuerrechts, die Begriffsbildung des übrigen öffentlichen Rechts zu beeinflussen, nur gering sein konnten.

Daraus dem Steuerrecht in seiner praktischen Anwendung einen Vorwurf zu machen, wäre verfehlt. Sache der Wissenschaft wäre es gewesen und muß es in Zukunft sein, hier anzuregen

---

Hensel, Staatsrechtliche Fragen in den Entscheidungen und Gutachten des RFH., Arch. f. öff. Recht, n. F., Bd. 6 S. 311ff.

[1]) Im wesentlichen zum gleichen Ergebnis kommt Lassar, a. a. O. S. 373 unten.

[2]) Insbesondere bei Ball, Steuerrecht und Privatrecht, Mannheim 1924.

[3]) Vgl. meine Besprechung des Ballschen Buches in Steuer und Wirtschaft 1925 S. 1963ff.

und auszubauen. Daß dies bisher noch nicht in erheblichem Umfange geschehen ist, erscheint gleichfalls erklärlich. Die Schwierigkeiten bei der Bewältigung des sehr unübersichtlichen und schwer verständlichen Rechtsstoffes waren bisher übermäßig groß. Ihre Überwindung war aber erste Voraussetzung für erfolgreiche Weiterarbeit in der angedeuteten Richtung hin, war aber auch Voraussetzung für die erfolgreiche Behandlung von Einzelfragen innerhalb des Steuerrechts selbst. Und die Tatsache allein, daß über die Rechtsnatur des Steuergrundverhältnisses heute von den beiden Berichterstattern ziemlich widersprechende Leitsätze aufgestellt worden sind, mag zeigen, wie wenig fest die geringen bisherigen Ergebnisse begründet erscheinen. Auf dieser schwankenden Grundlage aber den Versuch zu machen, Brücken zu anderen Gebieten des öffentlichen Rechts zu schlagen, mag — hierin stimme ich mit Lassar in seiner mehrfach erwähnten Besprechung von Beckers Kommentar zur AO. völlig überein — als verfrüht erscheinen.

Dazu kommt dann bei näherer Besinnung plötzlich eine weitere, unerwartete Schwierigkeit: Auch der Boden auf der Gegenseite, zu der es Brücken zunächst zu schlagen gelten würde, scheint unfest und nicht tragfähig: Wir beginnen mehr und mehr daran zu zweifeln, ob es überhaupt einen allgemeinen Teil des Verwaltungsrechts, so wie ihn Otto Mayer und seine Schule als Idealbild zu sehen glaubte, bereits in einigermaßen fester Gestalt gibt, ja ob es überhaupt möglich sein wird, diesem Idealbild mit der beschränkten Schaffenskraft des Einzelnen wesentlich näher zu kommen. Auch in der wissenschaftlichen Zielsetzung und Methodik gibt es sozusagen Weltanschauungsfragen, die von Generation zu Generation anders beantwortet werden; für den Publizisten gehört das Problem des allgemeinen Verwaltungsrechts in den engeren Bezirk dieses Fragenkreises hinein: Und gerade hier scheint die Lösung oder besser der Lösungsversuch wie so häufig der Periode der kritischen Problematik vorauszugehen. Auch Otto Mayer hielt im Jahre 1895, als er mit der ersten Auflage seines „Deutschen Verwaltungsrechts" die wissenschaftliche Arbeit der nächsten Generation in seinen Bann zwang, die Zeit für eine zusammenfassende Darstellung des DVR. noch nicht für gekommen. „Monographien sollten die Losung sein[1])." Hätte er sich selbst nach diesem „sollten" gerichtet, ich glaube, sein Lebenswerk wäre niemals zum Abschluß gekommen. Und Kormann betont im Vorwort zu seinen „Grundzügen eines allgemeinen Teils des öffentlichen Rechts"[2]): „Nicht

[1]) Vgl. hierzu und zum folgenden Erich Kaufmann Verw.Arch. 30 S. 384.

[2]) Annalen 1911 S. 851.

Problemlösung, sondern Problemstellung ist es, was sie wollen." Wie recht er in dieser Selbsterkenntnis, die bestes Zeugnis seiner „kühnen Bescheidenheit" ablegt, gehabt hat, ist uns, die wir bereits wieder einer späteren Generation angehören, die wir — um den Ausblick Kaufmanns fortzusetzen — Epigonen der Epigonen sind, mit jedem Tage deutlicher geworden. Aber auch Kormann hätte uns niemals einen Lösungsversuch, geschweige eine Lösung beschert, wenn er von vorn herein die wirkliche, einwandfreie Lösung als einziges Ziel seiner Arbeit angesehen hätte; dies selbst dann, wenn er heute noch unter uns weilte. Daß Hatschek uns dem erstrebten Ziel auch nicht um einen Schritt näher gebracht hat, dürfte kaum bezweifelt werden, und selbst Herrnritts bedeutsames Werk verstärkt die Problematik mehr, als sie zu lösen. Und bei dieser Sachlage muß eins betont werden: Je mehr man sich in die bisherigen Lösungsversuche vertieft, um so deutlicher wird die Erkenntnis, daß nicht nur in Einzelheiten und Einzelfragen kritische Weiterarbeit notwendig erscheint, sondern daß bei jeder Einzelforschung die Grundlagen, das System selbst in Frage gestellt erscheinen. Es fällt den Jüngeren unter uns doppelt schwer, sich Eindrücken, wie sie etwa Spiegels Verwaltungsrecht und Verwaltungsrechtswissenschaft vermittelt, zu entziehen, und Erich Kaufmanns Gesamtwürdigung des Lebenswerkes Otto Mayers zeigt uns gerade in dem weitgezogenen Rahmen, den er für ein allgemeines Verwaltungsrecht absteckt, mit deprimierender Deutlichkeit, wie weit wir eigentlich von jenem wissenschaftlichen Ziele entfernt sind, dem der letzte Klassiker unserer Wissenschaft bereits so nahe zu sein glaubte. Ich sage in vollem Bewußtsein „deprimierende Deutlichkeit"; denn je höher methodische Zielsetzung die Problematik sich über unserem Kopfe auftürmen läßt, um so tiefer gräbt sich der Zweifel in uns ein, ein Ziel jemals zu erreichen, dessen Weitgestecktheit selbst die von uns immer von neuem bewunderte Meisterschaft eines der kräftigsten Gestalter, den unsere Wissenschaft je besessen hat, nicht völlig erkannt hat.

Krieg und Nachkriegszeit haben uns von einer ganz anderen Seite her in unserer Stellung zu einem allgemeinen Verwaltungsrecht beeinflußt. Die Fülle neuen Rechtsstoffs, welche die letzten Jahre uns gebracht hat, und deren inhaltliche Bedeutung von uns immer wieder neu erarbeitet werden muß, läßt uns doch an dem Satze zweifeln, den Otto Mayer selbst der dritten Auflage seines Verwaltungsrechts voranstellen zu können geglaubt hat: „Verfassungsrecht vergeht, Verwaltungsrecht besteht." Sind wirklich das neue Arbeitsrecht, die Neuregelung der Fürsorge, die Reichsabgabenordnung, die Verwaltungsreform (zusammen mit der Parteipolitisierung der Kommunalvertretungen), die Neugestaltung der wirtschaftlichen Betätigung des Staates in halböffentlichrechtlichen Formen, der Zusammenschluß der den Staat und stärker noch die Verwaltung beeinflussenden Kräfte in Organisationen, die trotz ihrer scheinbar rein privatrechtlichen Struktur stärksten Einfluß auf die Gestaltung des öffentlichen Lebens haben, — sind das und vieles andere nur neue „Anknüpfungspunkte" für die alten Lehren, deren Bestand unangetastet bleibt, deren planmäßige Nichtberücksichtigung der rechtswissenschaftlichen Erkenntnis kaum einen Verlust bedeutet? Können wir selbst an Eintagserscheinungen, wie dem Aufwertungsrecht oder der Fürstenenteignung (ich gebrauche absichtlich diesen Ausdruck, um die enge Beziehung zum Verwaltungsrecht zu kennzeichnen) vorübergehen, obwohl sie das Verwaltungsleben Deutschlands tiefer bewegen, als es jemals etwa die Lehre vom öffentlichen Eigentum zu tun vermöchte? Wäre es an dem, so wollte man sich lieber von dem Verwaltungsrecht selbst abwenden, weil es seine erste wissenschaftliche Aufgabe, der Wirklichkeit und Zeitlichkeit gerecht zu werden, nicht erfüllen kann. Wir müssen von der Wissenschaft Wirklichkeitsnähe fordern, weil die Wirklichkeit für uns zu einem Selbstwerte geworden ist, der ihr noch vor zwölf Jahren nicht in gleichem Umfang zukam.

So mag es erklärlich sein, daß ein nicht geringer Teil der Jüngeren die schon vor dem Kriege ausgesprochenen Mahnungen besonders beherzigt hat, als Vorarbeit zum Aufbau eines allgemeinen Teils des Verwaltungsrechts die Erforschung der wissenschaftlich-systematischen Struktur einzelner Teile des Verwaltungsrechts zunächst einmal in Angriff zu nehmen, — als in sich abgeschlossene Vorarbeit, ohne deren selbstgenügsamer Erfüllung es von vornherein unmöglich erschien, den in die Ferne gerückten Problemkreisen der Vorkriegszeit irgendwie näher zu kommen. So ist manchem die wissenschaftliche Erforschung und Darstellung des Systems des Steuerrechts (oder irgendeines anderen Spezialgebiets des Verwaltungsrechts) zunächst einmal — vorübergehender — Selbstzweck geworden. Wir geben die Hoffnung nicht auf, von den hier gewonnenen Grundlagen aus in absehbarer Zeit an dem Neuaufbau eines allgemeinen Verwaltungsrechts mitarbeiten zu können. Zu diesem Ziel wird sich wohl jeder bekennen, aber es ist eben Ziel, nicht Gegenwart, Hoffnung, nicht Erfüllung.

Es ist nun nicht zu verkennen, daß das Steuerrecht gerade auf die bisherigen Gesamtdarstellungen des Verwaltungsrechts einen merkwürdig geringen Einfluß gezeigt hat. Herrnritt[1]) scheidet es ganz bewußt aus dem Kreis seiner Betrachtung

[1]) S. 481.

aus, „es hat seine eigene Rechtsordnung und seinen eigenen Behördenorganismus ausgebildet". Otto Mayer räumt der Darstellung der „Finanzgewalt" zwar eine nicht unbeträchtliche Bogenanzahl ein, aber es ist eben nur die Finanzgewalt, die er behandelt, die Eigenart einiger weniger, dazu praktisch noch nicht einmal wichtiger Figuren will er klarstellen, oder besser ihr Hineinpassen in seine allgemeinen Lehren nachweisen. An den uns heute wesentlichen Grundfragen des Steuerrechts geht er, wie aufmerksames Durcharbeiten dieses Abschnitts erkennen läßt, vorbei; es ist deshalb meines Erachtens auch verfehlt, wie dies gelegentlich geschehen ist, O. Mayer zum Kronzeugen in diesen Grundfragen anzurufen. Und doch hätte gerade O. Mayer Veranlassung gehabt, dem modernen Steuerrecht, namentlich der AO. stärkeren Einfluß auf sein System zu verstatten. Erkennen wir als richtig an, daß namentlich der I. Teil seines Werkes von den Problemen des Rechtsstaats und seines Verwaltungsrechts beherrscht wird (mag nun seine Auffassung rechtsstaatlicher Verwaltung richtig und wirklichkeitsnahe sein oder nicht), so wäre gerade das Steuerrecht zur Fortbildung und Korrektur berufen gewesen. Kein Sonderrecht des Verwaltungsrechts (das Strafrecht einmal beiseite gelassen) hat so unmittelbar mit dem Rechtsstaat sich auseinanderzusetzen, wie das Steuerrecht, dessen Eingriffe in die Eigentumssphäre (besser Vermögenssphäre) zum mindestens die zahlenmäßig überwiegende Mehrzahl aller Staatseingriffe darstellen. In keinem Gesetz ist aber andrerseits praktisch der Einfluß O. Mayers so stark zum Ausdruck gekommen, wie in der AO.

Dies alles läßt es nicht ungerechtfertigt erscheinen, die Klärung der steuerrechtlichen Grundfrage nach der Rechtsnatur des Steuerverhältnisses (wie ich einmal ganz farblos sagen möchte) in den Rahmen unserer heutigen Betrachtung einzufügen. Gelänge es hier zu eindeutigen Ergebnissen zu kommen, so wäre damit meines Erachtens der erste Anfang zu einer gegenseitigen Beeinflussung von Steuerrecht und öffentlichem Recht gemacht.

Freilich möchte es gerade an diesem Punkte außerordentlich wenig aussichtsreich erscheinen, zu einer Einigung zu gelangen. Charakterisierungen wie z. B. „allgemeines Abgabengewaltunterworfenheitsverhältnis"[1], „Abgabengewaltverhältnis"[2], „Schuldverhältnis"[3], „gesetzliches Schuldverhältnis des öffentlichen Rechts" stehen in der Literatur schroff gegenüber,

---

[1]) Mirbt, Steuerrecht 1926 S. 86.
[2]) Schneider, Das Abgabengewaltverhältnis, 1918.
[3]) Hensel, Steuerrecht, S. 15.

ohne daß bisher eine grundsätzlich klärende Auseinandersetzung stattgefunden hätte. Eine solche erscheint aber nicht nur im wissenschaftlichen Interesse erwünscht zu sein. Man muß bedenken, daß solche Ausdrücke unvermeidlich zum Schlagwort werden und dann ihre ganze Gefährlichkeit offenbaren, weil sie in Tausenden von Einzelfällen kritiklos von der Verwaltung angewandt werden. Und es ist sicher praktisch von der allergrößten Bedeutung, ob ein Steuerbeamter glaubt im Steuerpflichtigen mit einem „Gewaltunterworfenen" zu tun zu haben oder ob er sich ihm auf Grund eines Schuldverhältnisses verbunden fühlt. Derartiges kann natürlich die wissenschaftliche Charakterisierung nicht beeinflussen, wohl aber kann es die wissenschaftliche Terminologie zur Vorsicht mahnen.

Bei näherem Zusehen ergibt sich aber eine erhebliche Schwierigkeit dadurch, daß der Begriff „Gewaltverhältnis" keineswegs eindeutig feststeht. Frühere eingehende Untersuchungen Nawiaskys[1]) haben gezeigt, daß die Wissenschaft — soweit sie überhaupt den Gegensatz von Forderungs- und Gewaltverhältnis anerkennt — nicht dazu gelangt ist, die Begriffsmerkmale, welche diesen Gegensatz ausmachen, eindeutig und übereinstimmend festzulegen. Und es dürfte Nawiasky darin zuzustimmen sein, daß dieses Gegensatzpaar nur die beiden Endpunkte einer stetig ineinander übergehenden Begriffsreihe darstellt, daß es sich nicht um kontradiktorische Begriffsgegensätze, sondern um Typenbildungen zur Charakteristik nur gradueller Unterschiede handelt[2]). Immerhin steht der Typus „Gewaltverhältnis" doch im wesentlichen fest: Essentiell dürfte dieser besonderen Art rechtlicher Verbundenheit zweier Rechtssubjekte sein, daß für den Inhalt der Rechtsbeziehungen regelmäßig der sich im Befehl äußernde Wille des Einen maßgebend ist. Befehlen-können und Gehorchen-müssen, nicht Fordern-dürfen und Leisten-sollen bezeichnet am deutlichsten den wesentlichen Gegensatz. Geht man diesem Typengegensatz noch weiter nach, so könnte sich vielleicht als wesentlich für den Gehorsam ergeben ein gewisser Ausschluß von Verantwortung des Befehlenden gegenüber dem Befehlsadressaten. Es ist in der Regel gleichgültig für letzteren, ob sich der Inhalt des Befehls aus einer Gesetzesnorm ergibt oder im freien Ermessen des Befehlenden seinen Ursprung hat: Den Befehlenden trifft zunächst keine Verpflichtung, die Übereinstimmung zwischen Befehlsinhalt und (etwa vorhandener) Norm darzutun; der Folgepflichtige besitzt kein Recht, in eine Prüfung bezüg-

[1]) Nawiasky, Forderungs- und Gewaltverhältnis, Festschrift für Zitelmann 1913.

[2]) Vgl. die Ausführungen a. a. O. S. 30ff.

lich der Normübereinstimmung einzutreten, bevor er dem Befehl Folge leistet. Daß dies nur innerhalb eines gewissen Rahmens gilt, daß z. B. der Befehl zur Vornahme einer strafbaren Handlung in der Regel keine unmittelbare Folgepflicht auslöst, ist ohne weiteres zuzugeben; das beweist nur die Selbstverständlichkeit: innerhalb der Rechtsordnung muß jedes Gewaltverhältnis an dieser seine Schranke finden; und außerrechtliche, rein tatsächliche Machtausübung steht hier bei der Charakterisierung des rechtlich geordneten Gewaltverhältnisses nicht zur Erörterung.

Andere Merkmale können nicht als essentiell angesehen werden, mögen sie auch nicht allzu selten in dem Typus „Gewaltverhältnis" auftreten: so kann man sagen, daß die in einem Gewaltverhältnis zusammengefaßten Rechtsbeziehungen häufig auf eine längere Dauer angelegt sind, während regelmäßig als der eigentliche Zweck des Schuldverhältnisses bezeichnet werden muß, durch Erfüllung zum Untergang gebracht zu werden. Auch an dem für die Gewaltverhältnisse des öffentlichen Rechts vielfach charakteristischen Begründungsakt, dem Verwaltungsakt auf Unterwerfung, soll nicht vorbeigegangen werden: gerade durch ihn erhält der Gewaltunterworfene erst seine eigentümliche Personalcharakteristik als Militärperson, Beamter usw.; es wird jene allgemeine Rechtsbeziehung geschaffen, die in der konkreten Befehlsfolgepflicht nur ihren aktuellen Ausdruck findet.

Nochmals sei betont: die Zuordnung einer bestimmten Rechtsbeziehung zum Typus „Gewaltverhältnis" ist Charakterisierung, nicht logische Subsumption. Trotzdem handelt es sich dabei aber um mehr, als um einen Streit um Worte; das juristische Erkenntnisvermögen für die Eigenart eines Rechtsgebiets kann nicht unerheblich durch eine solche Prüfung geschärft werden.

Gehört auch das Steuerverhältnis zu diesen Rechtsbeziehungen? Auf den ersten Blick möchte es fast den Anschein haben. Auch hier scheint der Staat als persona potentior ein bestimmtes Verhalten, die Hingabe von Vermögenswerten, die Erfüllung von Erklärungsanforderungen, die Duldung von Aufsichtshandlungen usw. zu fordern. Auch hier werden „Befehle" gegeben, ihre Befolgung wird erzwungen. Und doch offenbaren sich bei schärferem Zusehen Unterschiede, die die Annahme des Typus „Gewaltverhältnis" zur Charakterisierung der Mehrzahl dieser Rechtsbeziehungen zum mindesten als problematisch erscheinen lassen. Verdächtig, wenn auch nicht entscheidend, ist schon, daß jener charakteristische Verwaltungsakt auf Unterwerfung im Regelfalle fehlt; an seine Stelle tritt die „Tatbestandsverwirklichung", d. h. die konkrete Erfüllung derjenigen abstrakten Merkmale, die der Gesetzgeber als maßgebend für die Begründung des Steuerverhältnisses normativ aufgestellt hat. Fassen wir zunächst einmal ausschließlich jenes Steuergrundverhältnis ins Auge, von dem unsere Betrachtung notwendig ausgehen muß, so können wir sagen: A. hat Steuern zu zahlen, weil er das Gesetz erfüllt hat, nicht weil die Verwaltung es will. — Hier liegt nun allerdings der Einwand nahe: Warum soll das Gesetz nicht eben dieses Gewaltverhältnis begründen, gibt es doch z. B. im Familienrecht (Erziehungsrecht der Eltern, des Vormundes) Gewaltverhältnisse auf gesetzlicher Grundlage. Der Unterschied liegt aber gegenüber dem Steuergrundverhältnis darin, daß hier die Verwaltung — was die Zahlungsverpflichtung angeht — überhaupt nichts anderes wollen kann, als das Gesetz vorschreibt, und daß das ganze Steuerverfahren von dem Grundsatz beherrscht ist, die Übereinstimmung des Gesetzes mit dem Willen der Verwaltung, der sich in Zahlungsanforderungen ausdrückt, durch Rechtsmittel, deren Handhabung dem Steuerpflichtigen anvertraut ist, nachprüfen zu lassen. Das ist Gleichordnung von Verwaltung und Untertan, jedenfalls im Endergebnis, und nur diese Gleichordnung, auf die neuestens noch Nawiasky[1]) im ähnlichen Sinne hingewiesen hat, läßt das Steuerrecht vom Standpunkt des Rechtsstaats aus erträglich erscheinen. Nur dadurch löst sich die scheinbare Doppelrolle des Staates als Anspruchsbegründer und Anspruchsdurchsetzer in eine erträgliche Zweiheit auf. Wenn überhaupt, so hat man gerade im Steuerrecht Veranlassung, mit der Grundlehre der Gewaltenteilung Ernst zu machen.

Aus diesem Grunde möchte ich es sogar ablehnen, die allgemeine Verpflichtung den Gesetzen des Staates zu folgen als Gewaltunterworfenheit zu bezeichnen. Aber dies selbst einmal zugestanden: besteht neben jener allgemeinen Gesetzesunterworfenheit noch eine besondere Steuergewaltunterworfenheit, die sich durch irgendetwas von der Folgepflicht gegenüber der Rechtsordnung unterscheidet? Das ist zu verneinen. Steuerverpflichtungen hat in der Regel nur, wer den gesetzlichen Tatbestand verwirklicht hat, auf den also alle Merkmale eines einzelnen Steuertatbestandes zutreffen. Wer das aber im Einzelfalle ist, läßt sich nicht generell bestimmen, sondern das Einzelgesetz (und nur dieses) hat das zu regeln. Das moderne Steuerrecht knüpft keineswegs nur, nicht einmal hauptsächlich, an das Band der Staatsangehörigkeit an: Wohnsitz, Aufenthalt, Vorhandensein wirtschaftlich beherrschter Güter im Territorium, Vornahme einzelner Handlungen oder

---

[1]) Nawiasky, Steuerrechtliche Grundfragen insbes. S. 35.

Rechtsgeschäfte, kurz Merkmale, deren Entstehung und rechtliche Relevanz auf den allerverschiedensten Gebieten liegt, sind daneben — auf großen Gebieten sogar hauptsächlich — steuertatbestandsbegründende Merkmale. Und so löst sich — von welcher Seite wir es auch betrachten mögen — jene allgemeine Steuergewaltunterworfenheit auf in den Satz: Im Steuergewaltverhältnis steht, wer nach den Einzelbestimmungen der Gesetze diesen Gesetzen unterworfen ist. Das ist aber ein Satz, der mit der Auflösung eines komplizierten mathematischen Gleichungsansatzes in das Ergebnis 0 = 0 in eine Linie zu stellen ist.

Um hier gleich einen Ausblick in das allgemeine Verwaltungsrecht zu geben: Ich bin der Überzeugung, daß die Klarstellung der rechtsstaatlichen Bedeutung des Normtypus, den man als „Tatbestandsrecht" bezeichnen könnte, und der im Steuerrecht (ebenso wie auch im Strafrecht) mit besonderer Deutlichkeit vorhanden ist, methodisch und systematisch fruchtbar wäre. Das Tatbestandsrecht gehört nicht zum Verwaltungsrecht im engeren Sinne (d. h. zum Rechte des aktiv verwaltenden Staates), wie ja auch Strafrecht und Strafprozeßrecht geschieden sind. Die abstrakte Tatbestandsnorm, deren Abänderung durch freies Ermessen zuungunsten des den Tatbestand konkret Erfüllenden ausgeschlossen erscheint, ist die rechtsstaatliche Grundlage zum Eingriff in Freiheit und Vermögen des „Rechtsunterstellten", wie man vom Standpunkt des Rechtsstaats aus an Stelle von „Untertan" sagen sollte.

Nur scheinbar anders steht es mit den obrigkeitlichen Eingriffen auf dem Gebiete der Polizei. Selbst wenn wir davon absehen, daß es sich auch bei den Eingriffen auf Grund der bekannten Generalklauseln meist nicht um Akte freien Ermessen handelt und daß auch sonst das Polizeirecht steigende Tendenz zum normativen Tatbestand aufzuweisen scheint (Polizeiverbot mit Erlaubnisvorbehalt!), so kann auch nicht außer Acht gelassen werden, daß auf vielen Gebieten der Polizei der Staat nicht als An- oder Eingreifer angesehen werden darf, sondern als der Verteidiger des Bestehenden, als der Schützer seiner selbst. Der Allgemeinbegriff „Polizeiwidrigkeit" ersetzt die Tatbestandsnorm; erst das konkrete Erfülltsein dieses Begriffs, zum mindesten die Feststellung der möglichen Erfüllung, rechtfertigt den sogenannten Eingriff, der in Wirklichkeit vielfach nur Abwehr eines Eingriffs der Gegenseite ist.

Mag man nun vielleicht auch für das steuerrechtliche Grundverhältnis, die Verpflichtung des Steuerschuldners, die gesetzlichen Folgen der Tatbestandsverwirklichung auf sich zu nehmen, den dadurch entstehenden Geldanspruch des Staates zu befriedigen, zugeben daß dieses nicht als ein allgemeines oder spezielles Gewaltverhältnis zu charakterisieren sei, mag man sich hierfür mit der Bezeichnung „gesetzliches Schuldverhältnis des öffentlichen Rechts" einverstanden erklären, so bedarf es doch noch der Klärung, ob nicht die verwaltungsrechtliche und speziell die verfahrensrechtliche Behandlung dieses Grundverhältnisses den Steuerschuldner in Rechtsbeziehungen zum Staate bringt, die als Gewaltverhältnis bezeichnet werden müssen. Wäre das der Fall, so wären meine bisherigen Ausführungen als ziemlich belanglos anzusehen. Ich glaube aber das Gegenteil durch einige kurze Sätze nachweisen zu können.

Die gewichtigsten Einwendungen werden von den Vertretern derjenigen Anschauung zu erwarten sein, die in der Tatbestandsverwirklichung keinen unmittelbaren Entstehungsgrund der eigentlichen Steuerzahlungsschuld erblicken, sondern jedenfalls für das Gebiet der sog. direkten Steuern, die hier mit „Veranlagungssteuern" gleichzusetzen sind, infolge der Tatbestandserfüllung nur eine sog. Steuerpflicht[1]) oder wie Nawiasky neuerdings deutlicher gesagt hat, „Veranlagbarkeit" annehmen; dieser passiven Veranlagungspflicht, d. h. der Pflicht die Verfahrenseingriffe der Verwaltungsbehörde dulden, an der Veranlagung mitarbeiten zu müssen, entspricht ein Veranlagungsrecht der Steuerbehörde. Erst seine Erfüllung, die Vornahme der Veranlagung, bringt die eigentliche Steuerschuld zum Entstehen; zwischen Gesetz und Zahlungspflicht schiebt sich jener Verwaltungsakt ein, der im Einzelfalle bestimmt, was für den Untertan Rechtens sein soll. Hier wird also das gesetzliche Schuldverhältnis umgewandelt in eine quasiprozessuale Rechtslage; der dem Gesetz unterstellte Steuerschuldner scheint vollständig auszuscheiden und durch den dem Verwaltungseingriff ausgesetzten Untertan ersetzt zu werden. Der unter Ausnutzung echter obrigkeitlicher Überlegenheit ergehende Verwaltungsausspruch ist für ihn rechtlich bindend und sozusagen gesetzvertretend. Hier auf dem Gebiete der Veranlagungssteuern bestehe jedenfalls jenes Gewaltverhältnis mit aller Eindeutigkeit, mögen wir es aus dem gesetzlichen Tatbestandsverhältnis ausscheiden oder nicht. Es erhellt ohne weiteres, daß diese Theorie stark mit den Tendenzen übereinstimmt, die auch auf anderen Gebieten der Rechtswissenschaft zu beobachten sind, der Tendenz, in der Normanwendung, nicht in der Normaufstellung das eigentlich Entscheidende rechtlicher Betätigung zu sehen. Besonders häufig sieht man hier die Parallele zum Strafrecht mit dem Hinweis:

---

[1]) So die ältere Literatur, zusammengestellt bei Nawiasky S. 40.

Auch der Verbrecher, der einen Tatbestand des StGB. erfüllt habe, könne nicht einfach zu einer Strafanstalt gehen und sich zum freiwilligen Strafvollzug melden, es bedürfe erst der Aburteilung, durch die der Anspruch des Staates auf Strafvollzug gegen den Delinquenten zur Entstehung gelange. Genau so könne auch der Einkommensteuerveranlagungspflichtige nicht einfach seine Schuld nach dem Gesetz errechnen und den Betrag der Finanzkasse einsenden. Dadurch sei seine zukünftige Schuld nicht getilgt, er habe, obwohl das Gesetz die Höhe seiner Zahlung bereits eindeutig bestimmbar gestaltet habe, vorläufig eine Nichtschuld bezahlt, dagegen seine eigentliche Schuld nicht bezahlt[1]). Man kann es dahingestellt bleiben lassen, ob und inwieweit die angedeutete Konstruktion im Strafrecht notwendig erscheint, ob sie nicht vielleicht nur dadurch einen Schein apriorischer Notwendigkeit erhält, daß unser Strafensystem an Stelle des festen Strafmaßes Rahmensätze bevorzugt. Man mag auch die Frage erörtern können, ob es für das Steuerrecht vom Standpunkt der Rechtstechnik aus praktischer ist, die Steuerschuld im Sinne von Zahlungspflicht unmittelbar aus der Tatbestandsverwirklichung entstehen zu lassen, wie es § 81 AO. ausdrücklich bestimmt, oder das Zwischenstadium der Veranlagbarkeit einzuschieben, wie es etwa im früheren preußischen Recht der Fall war. Man muß sich aber meines Erachtens unbedingt darüber klar sein, daß es sich hier nicht um eine begriffsnotwendige Konstruktion des Steuerrechtsverhältnisses, sondern um eine vom Gesetzgeber zu entscheidende Frage des positiven Rechts handelt. Die AO. (§ 81) hat nun die Entstehung der Steuerschuld unmittelbar an die Tatbestandsverwirklichung geknüpft und ausdrücklich bestimmt, daß die Notwendigkeit der Feststellung des Betrags die Entstehung nicht hinausschiebt. Damit ist jedenfalls für das neue deutsche Steuerrecht die Verwirklichung des gesetzlichen Tatbestandes vor dem Veranlagungsakt systematisch in den Vordergrund gerückt worden. Die Wissenschaft, soweit sie eine systematische Verarbeitung des Rechtsstoffs erstrebt, wird der AO. darin zu folgen haben; zur Verstärkung der Gründe, die die AO. für ihren Aufbau angibt, und über deren Berechtigung sich allerdings streiten läßt, möge der Hinweis gestattet sein, daß durch die Vorauszahlungspflichten, namentlich durch die Einführung des Steuerabzugs vom Arbeitslohn, die Veranlagung selbst bei derjenigen Steuer in der Mehrzahl aller Fälle unwichtig geworden oder gar ganz verschwunden ist, die man bisher als den Prototyp der Veranlagungssteuern anzusehen gewohnt

---

[1]) So etwa Lassar, Grundbegriffe des preuß. Wegerechts S. 62.

war. Es kann jedenfalls für das neue deutsche Steuerrecht keine Rede davon sein, daß dem Verfahrensstadium der „Veranlagbarkeit", der Unterscheidung von Steuerpflicht und Steuerschuld so grundlegende Bedeutung zukäme, daß darauf allein die Annahme eines Verfahrensgewaltverhältnisses begründet werden könnte, wenn und soweit man damit die für das gesamte Steuerrecht wesentlichste Grundbeziehung zwischen Staat und Steuerzahler bezeichnen will.

Ebensowenig vermag ich in der Ausgestaltung des Steuerverfahrens an sich ein Gewaltverhältnis zu erblicken: Es ist allerdings bis zur Überführung ins Rechtsmittelstadium (und teilweise noch in diesem) kein Parteiverfahren, sondern ein Behördenverfahren. Will man darin allein die Grundlage für ein Gewaltverhältnis sehen, so möge man auch die behördliche Genehmigung eines Bauvorhabens nach den Richtlinien des materiellen Baurechts als Gewaltverhältnis charakterisieren. Es wäre wohl nicht ganz richtig, zu behaupten, die Behörde sei im Steuerverfahren dazu da, die Rechte des Steuergläubigers zu vertreten und wahrzunehmen. Diese sog. Rechte des Steuergläubigers bestehen ausschließlich in der Verwirklichung des objektiven Rechts (wären also Reflexrecht und nicht subjektives öffentliches Recht, wenn diese Rechtsbezeichnungen für den Staat als Rechtssubjekt überhaupt anwendbar erscheinen), und nur das objektive Recht zur Durchsetzung zu bringen, ist die Steuerbehörde berufen. Darauf deutet insbesondere auch § 204 AO. hin, der die Finanzbehörden anweist, die Angaben des Steuerpflichtigen auch zu dessen Gunsten zu prüfen, ebenso § 210, der bei der Schätzung verlangt, alle Umstände zu berücksichtigen, die für die Schätzung von Bedeutung sind, d. h. auch diejenigen, die zugunsten des Steuerpflichtigen sprechen.

Zuzugeben ist allerdings, daß das Steuerverwaltungsrecht im engeren Sinne einen besonderen Pflichtenkreis entwickelt hat, der sich selbständig aufbaut neben dem Pflichtenkreis des materiellen Rechts, in dessen Mittelpunkt die Grundpflicht steht, bei Tatbestandsverwirklichung Steuern zahlen zu müssen. Aber auch die Mehrzahl dieser Verwaltungspflichten des Steuerrechts — wie man sie zusammenfassend nennen mag — begründet kein Gewaltverhältnis. Ihr Umfang ist vielfach unmittelbar durch das Gesetz festgelegt; und selbst dort, wo sich die Norm (hier häufiger als im materiellen Steuerrecht) auf Ermächtigungen an die Verwaltung beschränkt, hat die vom RFH. ausgeübte Ermessenskontrolle über die Handhabung der erzwingbaren Anordnungsgewalt der Finanzbehörden mit dazu beigetragen, auch hier die allgemeine Rechtsschranke des § 6 AO. „Ermessensentscheidungen müssen nach

Recht und Billigkeit" erfolgen, für eine große Anzahl von Einzelfällen konkret zu differenzieren. Die Erzwingbarkeit der Anordnungen an sich ist vorhanden (§ 202 AO.); das Vorhandensein einer „Finanzbefehlsgewalt" allein reicht aber kaum aus, für das gesamte Steuerrecht die Charakteristik als Gewaltverhältnis zu rechtfertigen. Können doch auch im Zivilprozeß eine große Anzahl von Anordnungen erzwungen werden, ohne daß es irgend jemand einfiele, den Prozeß als Gewaltverhältnis zu charakterisieren, geschweige denn, die materiellen Ansprüche, die im Prozeß geltend gemacht werden können. Aus diesem Grunde kann auch in der zwangsweisen Durchsetzung des Steueranspruches, der Beitreibung, kein Merkmal für ein Gewaltverhältnis erblickt werden, es sei denn, daß man sich entschließt, überhaupt jeden Anspruch als Gewaltverhältnis begründend anzusehen, soweit er gerichtlich verfolgbar und nach rechtskräftiger Feststellung zwangsvollstreckbar ist. Das wird man mit Recht ablehnen, ebenso auch die Begründung eines Gewaltverhältnisses durch die Möglichkeit der vorläufigen Vollstreckbarkeit; und aus diesem Grunde entfällt auch die Möglichkeit, das in § 235 AO. enthaltene Gegenstück der vorläufigen Vollstreckbarkeit — gegen das ich selbst vom rechtstechnischen Standpunkt aus Bedenken habe, — hier als entscheidend heranzuziehen.

Wie man überhaupt aus dem Vorhandensein erzwingbarer Pflichten des Steuerschuldners, an der notwendigen Feststellung des Steuerbetrages in geordnetem Verfahren mitzuwirken, nicht auf ein Gewaltverhältnis schließen kann (besonders wenn – wie hier – im Hintergrunde der Rechtsschutz- und Erstattungsanspruch steht), ebensowenig wird man schließlich auch den § 169 S. 2 AO. als entscheidend für ein verfahrensrechtliches Gewaltverhältnis heranziehen dürfen, nach dem jeder zur Abgabe einer Steuererklärung verpflichtet ist, bei dem nach dem Ermessen des Finanzamts die Möglichkeit einer Steuerpflicht gegeben ist. Daß gegen diese Bestimmung inhaltlich stärkste Bedenken bestehen, daß sie eine der Übertreibungen der AO. darstellt, die aus der Zeit ihrer Entstehung erklärlich sind, die aber bei einer Reform gemildert werden müssen, sei ohne weiteres zugegeben. Nebenbei bemerkt hat die Rechtsprechung des RFH.[1]) bereits dahin gewirkt, daß in Fällen, in denen die Steuerpflicht dem Grunde nach zweifelhaft ist, nicht die Abgabe einer vollständigen Erklärung erzwungen werden soll, sondern die Vorfrage zunächst durch das Mittel eines vorläufigen Steuerbescheids, der aber selbständig anfechtbar ist, geklärt werden

---

[1]) Vgl. die Angaben bei Enno Becker, AO. § 82 Anm. 4a.

soll. Die Verwaltungspraxis ist dem gerade in neuester Zeit gefolgt. Die hier sich herausbildende Parallele zum Enteignungsverfahren ist nicht uninteressant. — Aber abgesehen davon wird das Steuerverwaltungsrecht, gerade wenn es sein Verfahren in geordneten Bahnen erhalten will, auf eine erzwingbare Erklärungspflicht nicht verzichten können. Man weise nicht darauf hin, daß das Gegenstück hierzu sowohl im Zivil- wie im Strafprozeß fehlt. Der Zivilprozeß kann darauf nur verzichten, weil er dem Beklagten die ungleich härteren Folgen der Versäumnis (die mit der Weigerung der Abgabe einer Gegenerklärung gleichzusetzen ist) ohne Nachteil für die Verwirklichung der objektiven Rechtsordnung aufzubürden vermag. Und im Strafprozeß ist die Frage der Beweislast so verschieden vom Steuerrecht geregelt (ob die Notwendigkeit des Nachweises von Seiten des Staates unbedingt zu billigen ist, bleibe dahingestellt), daß hier Parallelen notwendig versagen. Das Steuerverfahren wäre zur Unfruchtbarkeit verurteilt, wollte man die Steuerbehörde vor die Notwendigkeit stellen, das Vorliegen des Steuertatbestandes in vollem Umfange nachzuweisen, wenn der mutmaßliche Steuerschuldner sich einfach passiv gegenüber Erklärungsanforderungen verhält. Will man diese erzwingbare Erklärungs- und sonstige Auskunftspflicht als ausreichend zur Begründung eines Gewaltverhältnisses ansehen, will man diesen Paragraphen als Zentralpunkt des gesamten Steuersystems auffassen und demgemäß das Steuergrundverhältnis als Gewaltverhältnis charakterisieren, so ist dagegen natürlich schwer etwas einzuwenden. Ich persönlich vermag mich nicht zu der Auffassung zu bekennen, daß das gesamte Tatbestandsrecht durch das ihm doch schon seiner Zweckbestimmung nach untergeordnete Verfahrensrecht völlig in den Hintergrund gedrängt werden kann.

Dieser Gesichtspunkt dürfte schließlich auch entscheidend sein für die richtige Einschätzung einiger selbständiger Pflichtverhältnisse des Steuerverwaltungsrechts, die allerdings als Gewaltverhältnisse im echten Sinne aufgefaßt werden können, aber im Rahmen des Ganzen doch nur eine bescheidene Rolle spielen. Ich denke an die steuerlichen Verpflichtungen, die ohne Rücksicht auf einen bestimmten Steuerfall auferlegt werden können, um der Behörde eine ständige Überwachung und Kontrolle von Steuermöglichkeiten zu gewährleisten. Sie haben ihrem Zwecke und ihrer rechtlichen Ausgestaltung nach gewisse Ähnlichkeiten mit Rechtsfiguren aus dem präventiven Polizeirecht, man hat deshalb auch — wenn auch in ziemlich äußerlicher Anlehnung — von Steuerpolizei gesprochen. Hierher gehört die namentlich den Wirtschaftskreisen gegenüber stark ausgebildete Steueraufsicht, die in den Fabrikationskontrollen gegenüber Erzeugungsbetrieben verbrauchssteuerpflichtiger Gegenstände geradezu zu Anstaltsordnungen ausgewachsen ist; damit zusammenhängend die neuerdings stark ausgebildete Buch- und Betriebsprüfung, wohl auch die Verpflichtung zur Listenführung, zur Führung besonderer Steuerbücher, endlich die den prozessualen Pflichten nachgebildeten Mitwirkungspflichten von Zeugen, Gutachtern, Auskunftsbehörden im Steuerverfahren. Hier mag es sich zum Teil um echte Gewaltverhältnisse handeln — das ganze Gebiet ist wissenschaftlich noch zu ungeklärt, als daß ein endgültiges allgemeines Urteil bereits möglich wäre. Sicher ist aber, daß diese Nebenpflichten keinesfalls ausreichen, dem gesamten Steuerrecht den Stempel ihrer Charakteristik aufzudrücken.

Damit seien die Untersuchungen über die Rechtsnatur des Steuergrundverhältnisses abgeschlossen; sie wurden etwas ausführlicher gestaltet, weil sie meines Erachtens am besten geeignet sind, auch den nicht mit den Spezialgesetzen Vertrauten in die Eigenart des Steuerrechts einzuführen. Sie sollten vor allem dazu beitragen, den Begriff und die Bedeutung der normativen Tatbestandsaufstellung für staatliche Eingriffsrechte zu klären.

Der Bericht hat sich bisher notwendig auf gewisse Problemkreise allgemeinster Art beschränkt. Einmal deswegen, weil ohne klärende Übersicht über diese Grundfragen das Verständnis auch der Einzelheiten erschwert, wenn nicht unmöglich gemacht würde; vor allem aber auch deshalb, weil der Ausbau der Lehren, die im fünften Teil der Leitsätze stichwortartig zusammengestellt sind, in einer schwer zu übersehenden Menge von Einzelentscheidungen des RFH. erfolgt ist, deren Verständnis und kritische Würdigung genaue Kenntnis von Einzelheiten des gesamten Steuerrechts voraussetzt, Kenntnisse, die im Rahmen eines kurzen Tagungsberichts nicht vermittelt werden können. Zudem sind durch die Arbeitsaufteilung, welche von dem Herrn Mitberichterstatter und mir für den Tagungsgegenstand als zweckmäßig angesehen worden ist, dem zweiten Bericht gerade diejenigen Teile des Steuerrechts übertragen worden, die mit den übrigen Gebieten des öffentlichen Rechts noch verhältnismäßig viele Berührungspunkte aufweisen: die formellen Verfahrensvorschriften, das Steuerverwaltungsrecht im engeren Sinne. Das materielle Steuerrecht dagegen (das Recht der Steuertatbestände, die Lehren vom Steuerschuldverhältnis) muß seiner ganzen Anlage nach notwendig mit Begriffen arbeiten, die dem Steuerrecht zum größten Teil eigentümlich sind, die daher auch verhältnismäßig geringen Einfluß auf die Begriffsbildung der übrigen Teile des öffentlichen Rechts zu äußern vermögen.

Das gilt namentlich für den wichtigsten und schwierigsten Teil des materiellen Steuerrechts, die steuerrechtliche Wertlehre. Je weiter hier die Wissenschaft fortschreitet, um so deutlicher erkennt sie, daß man im Steuerrecht wie auch in anderen Rechtsgebieten, die Wertbegriffe verwenden, niemals zu einem oder auch mehreren „objektiven" Werten gelangen kann. Die verschiedenen steuerlichen Werte, wie gemeiner Wert, Ertragswert, Gestehungswert, sind Vereinheitlichungsmaßstäbe, die ihre Funktion, eine möglichst gerechte und gleichmäßige Belastung zu gewährleisten, allenfalls auf dem eignen Gebiete erfüllen können; sie sind aber keineswegs geeignet, nun ohne weiteres auch auf anderen Gebieten der Verwaltung (etwa im Enteignungsrecht) die gleiche Funktion zu erfüllen. Wo sie verwendet werden sollten (bisher ist der in § 155ff. AO. niedergelegte, durch das Reichsbewertungsgesetz weiter ausgebaute Plan, wenigstens für Grundstücke eine einheitliche Bewertung für das gesamte Steuerrecht herbeizuführen, noch nicht auf andere Verwaltungszweige ausgedehnt worden), würde es sich um eine praktisch zulässige, vielleicht sogar erwünschte verwaltungstechnische Vereinfachung, nicht aber um eine gegenseitige begriffliche Beeinflussung handeln.

Auch auf ein anderes Gebiet des materiellen Steuerrechts, das für die Fragestellung des Themas lohnender sein könnte, den steuerlichen Erstattungsanspruch, soll der Bericht nicht eingehen, weil er allenfalls Ergänzungen aus der neueren Praxis, nicht aber grundsätzliche Berichtigungen der tief eindringenden Untersuchungen Lassars[1]), die als bekannt vorausgesetzt werden dürfen, bringen könnte.

So beschränkt sich der Schluß meines Referates darauf, auf die Bedeutung einiger Vorschriften der AO. kurz hinzuweisen, die dem RFH. in den letzten Jahren Gelegenheit zur Entwicklung von Lehren und Gedankengängen grundsätzlicher Bedeutung gegeben haben. Ich denke dabei in erster Linie an die Auslegungs-, Umgehungs- und Ermessensklausel der §§ 4—6 AO., den mit § 4 eng verwandten § 80 AO., aus dem sich die Lehre vom sog. wirtschaftlichen Eigentum entwickelt hat, an die Verwendung des Begriffs Rechtsfähigkeit (über dessen Zugehörigkeit zum allgemeinsten Teil des Rechts kein Zweifel bestehen dürfte) und endlich an die Lehre von der Fähigkeit bürgerlichrechtlich-nichtiger Rechtsgeschäfte zur steuerrechtlichen Tatbestandsbegründung.

Das aus allen diesen Einzelgebieten des Steuerrechts für uns im heutigen Zusammenhange wichtigste Moment ist wohl

---

[1]) Lassar, Der Erstattungsanspruch im Verwaltungs- und Finanzrecht, Berlin 1921.

die Tatsache, daß der Gesetzgeber und stärker noch der oberste Gerichtshof Veranlassung genommen hat, die Eigengesetzlichkeit des Steuerrechts auch bei der Anwendung von Rechtsbegriffen, die scheinbar in der gesamten Rechtslehre bereits eine feste, eindeutige Prägung erhalten hatten, stark zu betonen. In diesem Zusammenhang zeigt sich die praktische Bedeutung dessen, was zuvor mehr entwicklungsgeschichtlichbegründend denn als rechtslogisches Theorem ausgeführt wurde.

Es fragt sich freilich, ob wir diese praktischen Ergebnisse einfach hinzunehmen gezwungen sind, und unsere Zweifel an dieser Notwendigkeit verstärken sich; denn einerseits müssen wir bedenken, daß die Hauptmasse der oberstgerichtlichen Urteile in eine Zeit fiel, die die Rechtsprechung sozusagen in einen rechtspolitischen Notstand versetzte; sie war in der Inflationsperiode gezwungen, dem Gesetz und der Gesetzesauslegung gegenüber einen möglichst freien Standpunkt einzunehmen, um an der Überzeugung, es werde auch im Steuerrecht nach Recht und Gerechtigkeit geurteilt, zu retten, was zu retten war. Andrerseits aber ist doch schließlich die bewußte oder unbewußte Überzeugung von der Identität gewisser Grundbegriffe auf allen Gebieten des Rechts nicht bloße Bequemlichkeit, nicht ausschließlich das Bestreben, das Recht nach den Grundsätzen mathematischer Axiomatik zu konstruieren, sondern in dieser Überzeugung liegt bewußt oder unbewußt das Postulat größtmöglicher Rechtssicherheit einbeschlossen. Und gerade auf dem Gebiete des rechtsstaatlichen Eingriffsrechts müßte dies Postulat Vollwirksamkeit entfalten. Ich will nicht leugnen, daß ich gerade aus diesem Gesichtspunkt heraus bei früherer Gelegenheit starke Bedenken gegen die erwähnten Klauseln der AO. und die auf sie gegründete Rechtsprechung des RFH. geäußert habe[1]). Ganz so einfach scheint mir jetzt aber das Problem doch nicht mehr zu liegen. Zunächst ist die in jeder freieren Auslegungspraxis notwendig begründete Rechtsunsicherheit um so geringer, je stärker das Ansehen der einzelnen Entscheidung in der Verwaltungspraxis ist. Rechtsgrundsätze des RFH. sind aber heute fast Gesetzen, zum mindesten Ausführungsanweisungen gleichzuachten[2]). — Ferner bin ich aber auch in meiner theoretischen

---

[1]) Vgl. Hensel, Zur Dogmatik des Begriffs „Steuerumgehung", München 1923 (aus „Bonner Festgabe für Ernst Zitelmann") S. 237ff.

[2]) Der Umstand, daß in dem Reichssteuerblatt, einer vom Reichsfinanzministerium herausgegebenen amtlichen Sammlung von Erlassen, Verordnungen usw. fortlaufend und eingehend über die Rechtsprechung des RFH. berichtet wird, trägt wesentlich dazu bei, auch bei den unteren Verwaltungsbehörden Kenntnis der Entscheidungen des RFH. zu verbreiten.

Überzeugung von der Eindeutigkeit der Grundbegriffe des Rechts auf allen seinen Gebieten allmählich schwankend geworden. Erkennt man die Bedeutung eines großen Teils dieser Begriffe als Funktionsbegriffe an, so wird man vor dem weiteren Schritt nicht zurückschrecken dürfen, daß die Funktion, die ein Rechtsbegriff, wie Eigentum, Rechtsfähigkeit, Nichtigkeit im typischen Einzelfall zu erfüllen berufen ist, maßgebend für seinen Inhalt sein muß. Eindeutigkeit eignet dem Begriff also nicht allgemein, sondern maßgebend ist für die Begriffseindeutigkeit der typische vom Gesetzgeber vorgesehene Fall, eben das, was ich vorher als „Tatbestand" bezeichnet habe. Mit dieser Auffassung scheint mir Rechtssicherheit sehr wohl vereinbar, denn diese wird ja nur für den gesetzestypischen Fall gefordert und kann darüber hinaus gar nicht gefordert werden. Andrerseits aber müßte diese Auffassung wohl auch davor warnen (eine Warnung, die der RFH. vielleicht nicht immer genügend beachtet haben dürfte!), aus der Entscheidung des Einzelfalls heraus vorschnell scheinbar allgemeingültige Sätze abzuleiten. Wenn ich richtig sehe, so ist unsere Rechtsprechung namentlich auf dem Gebiete des öffentlichen Rechts in einer gewissen Umbildung begriffen, die sie der Rechtsprechung des angelsächischen Kulturkreises, der „Fall"-entscheidung annähert; sie gibt notgedrungen vielfach den Gedanken der Einheit des Rechtssystems auf, um den zur Entscheidung stehenden Einzeltatbestand „billig und gerecht" entscheiden zu können. Man mag das begrüßen oder beklagen, jedenfalls muß man dann aber dahin sich bescheiden, daß derartige Sprüche nur noch ganz selten zur unmittelbaren Grundlage allgemeiner Rechtssätze gemacht werden können.

In dieser Erkenntnis scheint mir der Kern der Auslegungsnorm des § 4 AO. zu liegen, deren Inhalt — wie durchweg anerkannt ist — keineswegs auf das Steuerrecht beschränkt ist, sondern allgemeine Bedeutung beanspruchen darf. Man kann darüber verschiedener Ansicht sein, ob es unter diesen Umständen notwendig gewesen wäre, den Auslegungsgrundsatz zum paragraphierten Rechtssatz zu erheben; beachtlich vom rechtstechnischen Standpunkt aus ist immerhin, daß kaum ein Paragraph in den Entscheidungen des RFH. so oft angezogen worden ist, wie gerade dieser § 4 AO.

Das Problem der Begriffsbildung, Begriffsauslegung und Begriffsübernahme ist nun aber für das Steuertatbestandsrecht noch von einer speziellen Bedeutung: Der gesetzliche Tatbestand ist die rechtliche Einkleidung einer wirtschaftlichen Lage, die vom Gesetzgeber für steuerwürdig erachtet worden ist. Diese Beziehung des Gesetzes zum steuerwürdigen Tatbestand kann zwiefach verschieden sein: Der Hauptfall ist der, daß der Gesetzgeber den „wirtschaftlichen Tatbestand", wie man ihn wohl genannt hat, durch eigengesetzliche und auch eigenterminologische Begriffe umschreibt; das ist vor allem bei den auf die wirtschaftliche Leistungsfähigkeit unmittelbar abstellenden Abgaben der Fall; Begriffe wie Einkommen, Gewinn, Werbungskosten, Vermögen, Vermögenszuwachs sind typische Beispiele dafür. Der Gesetzgeber verfährt aber namentlich auf dem Gebiete der Verbrauchs- und Verkehrssteuern vielfach anders: er knüpft die Steuerpflicht an die Erfüllung eines bereits fertig vorliegenden Tatbestands an, z. B. an den Übergang des Eigentums an Grundstücken, die Gründung einer juristischen Person des Handelsrechts, die Begebung eines Wechsels usw.; Tatbestandsmerkmale sind hier nicht eigengesetzliche Begriffe des Steuerrechts, sondern Rechtsbegriffe, die bereits vollständige Prägung im Zivil- oder Handelsrecht erfahren haben. Und rechtspolitisch betrachtet ist die Tatbestandsverwirklichung nicht unmittelbarer Ausdruck der steuerwürdigen Leistungsfähigkeit, sondern der Gesetzgeber hält nur einen mittelbaren Schluß in dieser Hinsicht für zulässig. Ich will die Frage hier unerörtert lassen, ob und inwieweit auf diesem Gebiete des Steuerrechts auch noch von „steuerlichen Wirtschaftsbegriffen"[1]) gesprochen werden kann (man sollte den Ausdruck lieber vermeiden, weil er den Anschein erweckt, als ob es sich nicht um Rechtsbegriffe handelte); ich will auch eine notwendig in Einzelheiten führende Untersuchung darüber vermeiden, ob und inwieweit bei diesen übernommenen Tatbeständen eine teleologische Auslegung berechtigt ist, speziell für die steuerrechtliche Anwendung Tatbestandsmerkmale abweichend vom „Mutterrecht" zu modifizieren; derartiges mag gelegentlich zulässig sein, bedarf aber stets eines besonderen Nachweises. Jedenfalls müßte die Rechtswissenschaft dagegen Einspruch erheben, wenn der RFH. gelegentlich (12, 351) die falsche Auslegung nach dem Wortsinn als „streng juristische" Auslegung charakterisiert, und ihr die richtige wirtschaftliche Betrachtungsweise entgegenstellt. Juristische Auslegung kann nur richtige Auslegung heißen, und gerade der zur Rechtsanwendung berufene Jurist hat zu fragen, welche Auslegung im Einzelfall den Vorzug verdient.

Ich wende mich vielmehr gleich dem Problem der Steuerumgehung zu, die als Tatbestandsvermeidung gerade bei den Verkehrssteuern eine besonders große Rolle spielt. Die herrschende Meinung sieht in § 5 AO. bekanntlich (und meines Erachtens nicht vollkommen richtig) nicht einen subsidiären

---

[1]) Vgl. zu diesem sehr häufig verwandten Ausdruck die berichtigenden Ausführungen von Ball, Steuerrecht und Privatrecht, S. 121ff., mit denen ich im wesentlichen übereinstimme.

gesetzlichen Tatbestand, der ohne ausdrückliche Norm nicht gelten würde; sie hält die Umgehungsklausel für einen Ausfluß des Auslegungsgrundsatzes in § 4 AO. und weist ihr demgemäß die Bedeutung eines allgemeinen Rechtsgrundsatzes zu, dessen Anwendungsgebiet nicht auf das Steuerrecht beschränkt ist[1]).

Gerade diese meines Erachtens bedenkliche Lehre hat sich nun neuerdings auch das preußische Oberverwaltungsgericht zu eigen gemacht, das in seinem Urteil Bd. 78 S. 370ff. unter ausdrücklicher Berufung auf §§ 4 und 5 AO. die frühere Rechtsprechung über die Bildung von Eigenjagdbezirken durch Begründung gegenseitigen Miteigentums zu $^1/_{100}$ Anteil verlassen und dem auf Umgehung des § 4 I der Jagdordnung vom 15. Juli 1907 gerichteten Rechtsgeschäft die Vollwirksamkeit versagt hat. Es prägt S. 376 den markanten Satz: „Die Rechtsunwirksamkeit in fraudem legis zustande gekommener Rechtsgeschäfte jedenfalls gegenüber demjenigen Gesetze, dem die Umgehung gilt, ist eine elementare Forderung der heutigen Rechtsüberzeugung." Gerade an diesem einzigen Punkte, an dem meiner Kenntnis nach wirklich eine unmittelbare Beeinflussung des öffentlichen Rechts durch die Begriffsbildung des Steuerrechts nachweisbar ist, zeigt sich auch die ganze Problematik einer solchen Beeinflussung. Es mag dahingestellt bleiben, ob nicht nach dem Zwecke der preußischen Jagdordnung die sog. Umgehung des § 4 I auch sachlich gerechtfertigt werden kann. Es mag ferner dahingestellt bleiben, ob eine allgemeine Rechtsüberzeugung wirklich in dem vom OVG. entwickelten Sinne vorhanden ist; sie müßte sich dann jedenfalls sehr rasch unter den Einflüssen revolutionärer und nachrevolutionärer Anschauungen entwickelt haben. Von Interesse ist mir nur der Hinweis auf ein neueres Urteil des preuß. OVG. (v. 12. Nov. 1925 III C. 38/25)[2]), das sich mit der Frage beschäftigt, welche Wirkung die Schwenkung der Rechtsprechung auf die bereits früher durch rechtskräftige Entscheidung anerkannten Miteigentümerjagdbezirke hat. Das Gericht kann nicht umhin, für diese Fälle den Bestand des Eigenjagdbezirks anzuerkennen; dagegen hätten diejenigen Miteigentümer, die auf Grund ihres Vertrauens in die früheren Entscheidungen die angedeutete Rechtsform gewählt hatten, keine Aussicht, ihre Jagd zu behalten. Die Rechtslage ist damit uneinheitlich, ungleich für die Beteiligten, kurz wenig erfreulich geworden,

---

[1]) Vgl. namentlich die Ausführungen von Enno Becker, AO. zu § 5 Anm. 1 und 4 und § 4 Anm. 2.

[2]) Das Urteil ist bisher in der amtlichen Sammlung nicht erschienen; sein Inhalt ist hier nach Mitteilungen in der Tagespresse wiedergegeben.

und das ist meines Erachtens vor allem darauf zurückzuführen, daß es sich hier um die Gestaltung eines Dauerzustandes auf Grund dinglicher Beziehungen handelte, während im Steuerrecht in der großen Mehrzahl aller Fälle nur der rechtliche Inhalt eines Schuldverhältnisses zur Diskussion steht, das nur dazu bestimmt zu sein scheint, durch Leistung des Schuldners aus der Welt geschafft zu werden. Schon dieser einzige Fall zeigt, wie verschieden die Auswirkung ein und desselben Rechtsgrundsatzes auf den einzelnen Gebieten des öffentlichen Rechts sein kann und wie notwendig es ist, bei der Übertragung vom einen zum andern Gebiet die nötige Vorsicht walten zu lassen. Soweit das aber geschieht, wird man im § 5 AO. einen auch für andere Gebiete des öffentlichen Rechts brauchbaren Grundgedanken erblicken dürfen. Ob er Aussicht hat, allzu häufig angewandt zu werden, erscheint fraglich; ist doch auch im Steuerrecht die Zahl der echten Umgehungsfälle, über die der RFH. zu entscheiden gehabt hat, merkwürdig gering gewesen.

Das vorher erwähnte Urteil des OVG. im 78. Bande ist aber noch in einer anderen Hinsicht von Interesse. Es spricht vom Miteigentum als vom „Eigentum im normalen Sinne, d. h. einem vollinhaltlichen Eigentum, mit denjenigen wirtschaftlichen Folgen, wie sie durch normale Vorgänge im Rechtsleben zur Entstehung gebracht werden". Wer die neuere Entwicklung, die vor allem an § 80 I 1 AO. anknüpft, im Steuerrecht verfolgt, wird dem Ausdruck „normalem Eigentum" mit einiger Skepsis gegenüber stehen. Der Satz „wer einen Gegenstand als ihm gehörig besitzt, wird im Sinne der Steuergesetze wie ein Eigentümer behandelt" (§ 80 I, 1 AO.) ist nicht nur als eine Erweiterung der Rechtsvermutung aus § 1006 BGB. aufzufassen. Er will den Steuerbehörden vielmehr die Möglichkeit geben, denjenigen als steuerwürdiges Rechtssubjekt in Anspruch zu nehmen, der zu dem Gegenstande der Besteuerung in so engen Beziehungen wirtschaftlicher Art steht, daß die Aufbürdung der Steuerlast zumutbar erscheint. Ausdruck einer solchen Beziehung ist normalerweise Eigentum im Rechtssinne, aber der RFH. hat kein Bedenken getragen, auf Grund dieser Vorschrift sowohl den Nichteigentümer als steuerpflichtig zu erklären, wie auch gelegentlich den Eigentümer im Rechtssinne freizustellen[1]). Das zeigt deutlich, daß auch ein — zwar nicht seinem Inhalt, wohl aber seinen Entstehungsgründen nach — so eindeutiger Begriff, wie Eigentum, auf andere Rechtsgebiete verpflanzt, seine Eindeutigkeit einbüßt und zur Formel für bestimmte Beziehungen wird, die mit der privat-

[1]) Vgl. die ausführlichen Nachweise bei Enno Becker, AO. § 4 insbes. Anm. 23 Ziffer 15.

rechtlichen Ausprägung des Begriffs wenig oder nichts mehr zu tun haben.

Es dürfte nicht unangebracht sein, an dieser Stelle zwar nicht auf eine Beeinflussung, wohl aber auf eine Parallelentwicklung zwischen Polizeirecht und Steuerrecht hinzuweisen, nämlich auf dem Gebiete der sog. polizeilichen Verantwortlichkeit. Auf vielen Gebieten des Polizeirechts werden dem Wortlaut der Norm nach dem „Eigentümer" Pflichten auferlegt, etwa sein Eigentum in polizeigemäßen Zustand zu erhalten, als Eigentümer gewisse Meldepflichten zu erfüllen usw. Auch hier herrscht Einhelligkeit darüber, daß in derartigen Bestimmungen Eigentum nicht unbedingt im streng zivilrechtlichen Sinne verstanden werden muß, daß auch hier der Ausdruck Eigentum nur eine Formel bedeutet, gewisse tatsächliche Beziehungen zwischen Person und Sache abgekürzt zu kennzeichnen, die zwar meist mit dem Eigentum zusammenfallen, aber in Einzelfällen auch dann bestehen, wenn Eigentum im zivilrechtlichen Sinne nicht vorliegt. Der vorläufig unangefochtene Erbschaftsbesitzer auf Grund eines nichtigen Testaments wird von der Polizeibehörde schwerlich gehört werden, wenn er gegenüber der Aufforderung, vor „seinem" Hause bei Glatteis zu streuen, einwendet, es sei gar nicht „sein" Haus und die Polizei möge sich an den (vielleicht unbekannten) wahren Eigentümer halten. Die Polizei wird gegenüber derartigen Einwendungen an dem Grundgedanken etwa des deutschrechtlichen Rechtssprichworts festhalten: wer den guten Tropfen getrunken hat, soll auch den bösen trinken, d. h. sie wird sich trotz des Normwortlauts gar nicht mit den angeschnittenen zivilrechtlichen Erwägungen befassen und das — vom öffentlichrechtlichen Standpunkt aus betrachtet, — mit vollem Recht.

Ähnlich ist die Entwicklung des Begriffs „Rechtsfähigkeit" im neuen Steuerrecht. Unter Rechtsfähigkeit versteht man in der Regel die von der Rechtsordnung verliehene oder anerkannte Fähigkeit, Subjekt von Rechten und Pflichten zu sein; und gewöhnlich stellt man sich diese Fähigkeit als eine einheitliche für das gesamte Rechtsleben vor. Freilich schon das Zivilrecht, auf dessen Boden die Lehre von der Rechtsfähigkeit hauptsächlich entwickelt worden ist, kann nicht umhin, gelegentlich zu Hilfskonstruktionen zu greifen, wie etwa der Annahme eines „subjektlosen Rechts", der „Gebundenheit eines Rechtsguts für einen zukünftigen Zweck", einen „objektiven Bestand des Rechts" u. ä.[1]). In der zivilrechtlichen Wissenschaft scheint man sich klar darüber zu sein, daß es sich hier um Ausnahmen, um Übergangszustände handelt,

[1]) Vgl. die Nachweise bei Enneccerus, Allg. Teil § 68 Anm. 7.

die nach Möglichkeit durch eine geschickte Hilfskonstruktion nach dem festen Boden der „normalen Rechtsfähigkeit“ hin überbrückt werden müssen. Besonders ausgeprägt sind diese Konstruktionsschwierigkeiten im Stadium des Entstehens juristischer Personen, etwa bei Anmeldung des (noch nicht bestehenden) Vereins durch den (im strengsten Rechtssinne noch nicht bestehenden) Vorstand zur Eintragung in das Vereinsregister[1]). Bei der engen Verbundenheit, die das Steuerrecht bei Ausgestaltung seiner Tatbestände mit dem bürgerlichen Recht aufweist, mag es nun einigermaßen befremdlich erscheinen, daß die Rechtsfähigkeit im Sinne des bürgerlichen Rechts für das Steuerrecht stark an Bedeutung verliert. § 86 AO. weist uns auf das Vorhandensein von Personenvereinigungen hin, die als solche steuerpflichtig sind (d. h. nach den einzelnen Steuergesetzen eine Steuer als Steuerschuldner zu entrichten haben), aber keine eigene Rechtspersönlichkeit besitzen, ebenso gibt es „Zweckvermögen und sonstige einer juristischen Person ähnliche Gebilde, die als solche der Besteuerung unterliegen.“ Aus der Rechtsprechung des RFH. namentlich auf den Gebieten der Umsatz-, Erbschaft- und Körperschaftsteuer lassen sich zahlreiche Beispiele anführen, in denen offene Handelsgesellschaften, nichtrechtsfähige Vereine, unselbständige Stiftungen, namentlich aber zweckgebundene Vermögenmassen wie Unterstützungskassen u. ä. zur Steuer herangezogen worden sind[2]). Ganz besonders ist von diesem Gedanken einer steuerrechtlichen Rechtsfähigkeit — wie man gewöhnlich sagt — Gebrauch gemacht worden, um der durch zahlreiche Kartellierungen durch Verwendung der Rechtsform einer Gesellschaft bürgerlichen Rechts geschaffenen Wirtschaftslage steuerlich gerecht zu werden[3]). Auch hier wird man kaum daran zweifeln können, daß die praktischen Ergebnisse dieser Entwicklung begrüßenswert sind und zwar gerade vom Standpunkt des Steuerpflichtigen aus gesehen (Beispiel: Zuwendung eines Teiles des Geschäftsgewinns an Unterstützungskassen des Betriebs). Fraglich ist nur, ob es juristisch einwandfrei gedacht ist, hier von einer besonderen steuerlichen Rechtsfähigkeit zu sprechen. Denn das würde bedeuten, diese Gebilde seien für das Gesamtgebiet des Steuerrechts ausnahmslos als Rechtssubjekte, als Träger von steuerlichen Pflichten und Rechten anzusehen, während

[1]) Vgl. die Ausführungen bei Planck (Knoke-Strecker-Flad), BGB. zu § 21 Anm. 7.

[2]) Ausführliche Einzelnachweise finden sich bei Enno Becker, AO. § 79 Anm. 9ff.

[3]) Diese namentlich auf dem Gebiete der Umsatzsteuer wichtige Frage ist gleichfalls bei Becker § 79 Anm. 10 ausführlich behandelt; maßgebend ist hier nicht so sehr die Rechtsfähigkeit, als die Selbständigkeit.

sich diese sog. Rechtsfähigkeit doch fast ausnahmslos auf den Bereich einer Steuer oder einer Gruppe von verwandten Steuern beschränkt. So ist die oHG. zwar auf dem Gebiete der Umsatzsteuer als selbständiges Rechtssubjekt anerkannt worden, dagegen unterliegt sie als solche nicht der Körperschaftsteuer, sondern der erzielte Gewinn erscheint als Einkommen aus Gewerbebetrieb bei den einzelnen Gesellschaftern. In Wahrheit handelt es sich meines Erachtens nicht um eine Ausdehnung des Begriffs Rechtsfähigkeit, sondern im Gegenteil um dessen Auflockerung und Zersetzung, besser noch vielleicht um die Klarstellung des Begriffs Rechtsfähigkeit als eines Funktionsbegriffs im oben charakterisierten Sinne, der eben auf den einzelnen Gebieten des Rechts meines Erachtens eine ganz verschiedene Funktion zu erfüllen hat. Die auf dem Gebiete des Zivilrechts allgemeine Figur der Rechtsfähigkeit (die freilich, wie wir gesehen haben, diese ihre Allgemeinheit selbst auf ihrem Mutterboden nur mühsam und zum Teil mit Hilfe gewagter Konstruktionen zu behaupten vermag) verliert auf dem Gebiete des Steuerrechts an grundlegender Bedeutung. Der Einzeltatbestand vermag die zivilrechtliche Rechtsfähigkeit als Tatbestandsgrundlage zu übernehmen, vermag sie aber auch zu ersetzen, indem er für seinen Bereich Rechte und Pflichten anders verteilt und zwar so, wie es seinen besonderen Zwecken und Absichten entspricht. Allerdings muß er dann auch für eine gewisse Handlungsfähigkeit sorgen, eine Aufgabe, der sich die AO. in dem erwähnten § 86 unterzogen hat. Freilich soll nicht verkannt werden, daß diese Auflockerung des Begriffs Rechtsfähigkeit, die damit verbundene teilweise Zerstörung der Einheit der Rechtsordnung vom Steuergesetzgeber in ihren Konsequenzen kaum zu Ende gedacht worden ist, wohl auch nicht zu Ende gedacht werden konnte. Zu denken wäre etwa an die zivilrechtliche Ausgleichspflicht im Innenverhältnis zwischen rechtsfähigem Mutter- und nichtrechtsfähigem Tochtergebilde. Soll der gegen das letztere ergangene Steuerbescheid Rechtskraft auch gegen das erstere äußern? Sollen die beiden einen Prozeß vor den ordentlichen Gerichten miteinander führen können, wer die Last im Endergebnis zu tragen hat? Gewiß Fälle, die vielleicht noch nicht vorgekommen sind, aber die doch vorkommen können und dann mit Hilfe der bisherigen Auffassungen der Zivil- und Prozeßlehren nur schwer zum befriedigenden Austrag gebracht werden dürften. Auch hier offenbart sich, wenn ich so sagen darf, der Egoismus der sonderrechtlichen Begriffsbildung: Der eigene Garten soll in Ordnung sein, mag auch der Boden des Nachbargeländes durch Ausschachtungen und Unterhöhlungen der Einsturzgefahr gelegentlich nahe gebracht werden.

Und noch auf ein letztes Beispiel dieser Reihe, vielleicht das deutlichste und jedenfalls dasjenige, wo die Rechtsprechung führend gewesen ist, ohne vom Gesetzgeber wesentliche Anregungen empfangen zu haben, möchte ich eingehen: die Be-Bedeutung der zivilrechtlichen Nichtigkeit für die steuerrechtliche Tatbestandsverwirklichung. Die Nichtigkeit nach § 134 oder § 138 BGB. wird bekanntlich sozusagen als eine qualitas inhaerens des Rechtsgeschäfts aufgefaßt, sie vermag insbesondere auch z. B. dem dinglichen Folgegeschäft nach herrschender Lehre den Rechtsboden zu entziehen. Die wirtschaftlichen Güterverschiebungen zwischen den Beteiligten zu beseitigen, läßt sich die condictio indebiti angelegen sein. Das Strafrecht hat sich unter Umständen mit der Heilung der verletzten Rechtsordnung zu befassen, im übrigen aber scheint das Recht es abzulehnen, sich irgendwie mit diesem rechtlichen Nichts zu beschäftigen. Die steuerrechtlichen Folgen dieser Auffassung von der Nichtigkeit und ihren Wirkungen waren merkwürdig genug: Das Reichsgericht vertrat in seinen steuerrechtlichen Erkenntnissen konsequent den Standpunkt, der Staat dürfe aus sittenwidriger oder gar unerlaubter Tätigkeit durch Steuererhebung keinen Vorteil ziehen. Das preuß. OVG. versuchte durch Kompromißlösungen eine für den Einzelfall praktisch befriedigende Lösung zu finden: — es erklärte die Einkünfte aus sittenwidriger Tätigkeit nicht für gewerbesteuerpflichtig, indem es an dem Begriffsmerkmal „erlaubt" für gewerbliche Tätigkeit festhielt, zog aber die Einnahmen aus der Vermietung von Räumen zu Unzuchtszwecken zur Einkommensteuer heran. Das Ergebnis war also: der ehrlich Arbeitende wurde besteuert, der von den Schäden der Gesellschaftsverfassung Lebende nicht. Dieses Ergebnis konnte gerade in einer Zeit, in der die Zahl der nichtigen Rechtsgeschäfte ins Ungemessene wuchs, in der aber gleichzeitig auch der Steuerbedarf eine riesenhafte Höhe erreichte nicht aufrecht erhalten werden. Der RFH.[1]) vollzog im Jahre 1920 eine grundsätzliche Schwenkung gegenüber der bisherigen Auffassung, deren grundsätzliche Verfehltheit fast gleichzeitig von Popitz in einem Aufsatz im Arch. d. öff. R. 40 S. 129[2] nachgewiesen wurde. Dabei lasse ich es dahingestellt, ob man in dieser Frage auf den grundsätzlichen Unterschied zwischen öffentlichem und Privatrecht abstellen kann. Es gibt zweifellos weite Gebiete des öffentlichen Rechts, innerhalb

[1]) RFH. Bd. 3, 173.

[2]) Popitz, Die Ideale im Recht und das Steuerrecht. Dort sind die früheren Theorien zusammengestellt, während neuere Entscheidungen bei E. Becker, AO. Vorbem. zu § 79ff. Anm. gefunden werden können.

derer die zivilrechtliche Nichtigkeit beachtet werden muß, z. B. würde es wohl keinem Wohlfahrtsamte einfallen, der in simulierter Ehe mit einem Erwerbslosen lebenden Konkubine die Frauenzulage zu gewähren, wenn ihm der Tatbestand bekannt ist. Maßgebend muß vielmehr auch hier der Grundsatz der zweckmäßigen und zwar speziell für das Steuerrecht zweckmäßigen Auslegung sein, die gebietet in Zweifelsfällen auf die vom Gesetzgeber angenommene Steuerwürdigkeit zurückzugehen. Gerade der Grundsatz der Gleichmäßigkeit der Besteuerung verbietet es, dem Steuerzahler zu gestatten, sich durch unsittliches und verbotenes Tun das Tor zum Steuereldorado zu öffnen. Für die Steuerverwaltung ist in solchen Fällen die Nichtigkeit selbst ein steuerrechtliches Nichts, das nicht zu beachten ihr gutes Recht und sogar ihre Pflicht gegenüber den korrekt erwerbenden Steuerschuldnern ist. Für sie gilt, in einem etwas abgewandelten Sinne, wirklich der Satz: non olet[1]).

[1]) Nach Erstattung des Berichts ist das gleiche Problem in den Vereinigten Staaten zu plötzlicher Bedeutsamkeit gelangt. Ich füge nachstehend die wörtliche Wiedergabe eines Berichts in der ‚Kölnischen Zeitung' bei, der gerade in seinen journalistisch gefärbten Ausführungen interessante Schlaglichter auf die communis opinio wirft: „Die Trockenlegung Amerikas hat ein neues Gewerbe erzeugt, den Bootlegger oder Stiefelschäftler, und er gehört zu den erfolgreichsten Gewerbetreibenden im Lande. Nun erhob sich wiederholt die Frage, ob er aus seinem Einkommen auch eine Einkommensteuer zu bezahlen hat, und in vielen Fällen wurde der „ehrliche" Schnapsschieber durch die Aushändigung einer Steuerquittung in die Gemeinschaft der anständigen Leute aufgenommen. Die meisten aber waren wohl kaum gewillt, den Staat als Teilhaber an ihrem Geschäftsertrag gelten zu lassen und schworen ab. Wieviele es sind, wird nie von einer Statistik erfaßt werden können; einige zwanzig aber blieben in den Maschen des Steuergesetzes hängen und wurden wegen Steuerhinterziehung gepönt. Einer von ihnen, Mister Charles Steinberg aus New York, ließ sich die Pön nicht gefallen und wandte sich mit dem Antrag auf Strafbefreiung an das Bundeskreisberufungsgericht, wo er auch wirklich freigesprochen wurde, obwohl er ein Einkommen von über 760 000 Dollar verschwiegen hatte. Andernfalls hätte er fünf Jahre Zuchthaus absitzen und eine Strafe von 10 000 Dollar berappen müssen. Damit ist zum erstenmal vor einem der höchsten Gerichtshöfe des Landes die Frage nach der Steuerpflicht eines Einkommens aus unsauberm Gewerbe entschieden worden, wenn auch nicht mit Meinungseinheit. In der Frage des Meineids allerdings waren sich alle Richter einig, da die Meineidsklausel des allgemeinen Bundesstrafgesetzes auf betrügerische Steuererklärungen keine Anwendung findet. Die Hauptfrage nach der Steuerpflicht wurde mit der Begründung verneint, daß die Gewinne eines gewerbsmäßigen Spielers, die Beute eines Einbrechers, die Bestechungsgelder eines ungetreuen Beamten, die Einkünfte einer Prostituierten oder die Profite aus irgendeinem strafbaren Unternehmen nicht als Einkommen, sondern als unter der Würde des Gesetzes stehend betrachtet werden sollten. Sollten

Damit erweist sich auch eine scheinbar so widerstandsfähige und eindeutige Rechtsfigur, wie die zivilrechtliche Nichtigkeit als abwandlungs- und auflösungsbedürftig, sobald sie auf ein anderes Rechtsgebiet verpflanzt wird. Eine Fülle neuerer Entscheidungen des RFH. legt hiervon Zeugnis ab; allerdings ist ihre Gültigkeit auch wiederum zunächst auf das Steuerrecht beschränkt. Nur hier gilt der Grundsatz, daß die rechtliche Nichtigkeit eines Rechtsgeschäfts unbeachtlich sei, wenn, soweit und solange die Beteiligten selbst die wirtschaftlichen Folgen aufrecht erhalten; oder eine andere Ausprägung des gleichen Gedankens: Niemand darf sich einem anderen gegenüber auf die von ihm selbst bewußt herbeigeführte und zu seinem eigenen Vorteil aufrecht erhaltene Nichtigkeit berufen[1]). Diese neue Nichtigkeitslehre des RFH. könnte vielleicht — ich will mich vorsichtig ausdrücken — in ihren weiteren gedanklichen Ausstrahlungen einen neuen Beweis

sie ein Einkommen darstellen, dann müßte der Reinertrag oder der steuerpflichtige Teil davon dadurch gefunden werden, daß alle notwendigen Ausgaben für den Betrieb dieses Gewerbes abgezogen werden; der Inhaber einer Kneipe oder eines Freudenhauses oder ein Hehler hätten also ein gutes Recht, die Gelder, die sie bekanntlich für Schutz zahlen müssen, als gesetzliche Steuerabzüge zu erklären. Die moralische Entwürdigung eines solchen Unterfangens, eine notwendigerweise gesetzliche Steuer aus einem notwendigerweise ungesetzlichen Gewerbe einzuziehen, müßte zu denken geben. Das Gericht habe allerdings nichts anderes zu tun als das Gesetz anzuwenden, wie es vorliegt, und dieses Gesetz besteure jedes Einkommen, gleichgültig, aus welcher unsittlichen Quelle es fließt. Denn wenn der Kongreß gesetzlich eine Auslegung des Begriffs „berauschende Getränke" vornehmen und durchführen kann, die zugestandenermaßen falsch ist, dann kann er auch dem Begriff „Einkommen" eine Bedeutung verleihen, die in keinem Wörterbuch zu finden ist. Trotzdem werde die Entscheidung des Vorgerichts umzustoßen sein, da Steinberg, wie aus den Verhandlungen der ersten Instanz klar hervorgehe, nicht wegen Steuerhinterziehung, sondern wegen Verletzung des Trockenheitsgesetzes verurteilt worden sei. Der Richter Manton allerdings gab eine abweichende Meinung zu Papier, indem er erklärte, es sei schwer, anzunehmen, daß der Kongreß je daran gedacht haben könne, daß der Regierung ein Teil des Einkommens aus einem ungesetzlichen Gewerbe abgegeben werden soll. Man könne unmöglich an die Absicht glauben, einen Schnapsschieber zur Würde eines ehrenwerten Steuerzahlers zu erheben. Die saubere Zunft der Stiefelschäftler wird sich um die entrüstete Zurückweisung ihres Steuerobulus aus moralischen Gründen sicher blutwenig scheren; aber die Entscheidung des New Yorker Berufungsgerichts dürfte sicher im Einklang mit der Praxis vieler anderer Kulturstaaten stehen."

[1]) Beispielsweise würde gerade die letztere Fassung meines Erachtens für die neuerdings bei den Landgerichten Berlin hervorgetretene Iudikatur eine wesentliche Stütze abgeben, daß die angebliche Nichtigkeit von Grundstücksschwarzverkäufen der Inflationszeit vom Veräußerer nicht zur Begründung des Rück-

für die in letzter Zeit anscheinend immer fester begründete Lehre liefern, daß bei der Frage der Nichtigkeit von fehlerhaften Verwaltungsakten die privatrechtliche Analogie zu vermeiden und jeweils zu prüfen sei, ob eine Nichtigkeit im Sinne von Unbeachtlichkeit seitens der Behörde oder des Aktadressaten wirklich angenommen werden dürfe. Gewiß, im Steuerrecht steht nicht Analogie der zivilrechtlichen Normen, sondern rechtliche Subsumtion zweifellos konkretisierter Tatbestände in Frage. Aber immerhin kann die Erkenntnis im Steuerrecht, daß jede, auch die allgemeinste Rechtsfigur auf anderen Rechtsbereichen nicht unbedingt kursfähige Münze darstellt, mit dazu beitragen, die Begriffsbildung auch auf anderen Gebieten des öffentlichen Rechts vorsichtig und kritisch zu vollziehen. In Zeiten rascher und verschiedenartiger Entwicklung der einzelnen Rechtsgebiete erscheint ein gewisses Mißtrauen in die Stabilität einer Begriffskonvention nicht ungerechtfertigt.

Auf den ersten Blick mag es bedauerlich erscheinen, daß die Ausführungen dieses Berichts nicht bereits positivere Ergebnisse bringen konnten. Aber es erschien mir bei seiner Abfassung geboten, die in jeder Fragestellung liegende Gefahr zu vermeiden, von einer petitio principii auszugehen und dort Einflüsse und Einflußmöglichkeiten zu konstruieren und hinein zu interpretieren, wo solche tatsächlich nicht oder noch nicht vorhanden sind. Denn Parallelerscheinungen auf verschiedenen Rechtsgebieten sind noch keine Einflüsse. Völlig unfruchtbar dürften deshalb die Ergebnisse, zu denen der Bericht gelangen konnte, vielleicht doch nicht sein. Methodische Erkenntnis ist für die Rechtswissenschaft sicherlich nicht Ziel, sondern stets nur Anfang; immerhin aber ein notwendiger Anfang. Und wenn auch die Betrachtung des materiellen Steuerrechts unter dem Gesichtspunkt einer möglichen Befruchtung des gesamten öffentlichen Rechts zunächst einmal die Eigengesetzlichkeit der Begriffsbildung auf diesem Sondergebiete der Verwaltungsrechtswissenschaft in den Vordergrund rückte, so vermochte sie vielleicht doch gerade dadurch den Weg zur Weiterarbeit freizulegen. Als methodisches Ergebnis kann auch für das Steuerrecht an dem Satze festgehalten werden, der in anderem Zusammenhange auf unserer vorigen Tagung in Leipzig ausgesprochen wurde: Der Generalklausel gehört

forderungsrechts geltend gemacht werden kann. Das Gericht hat aber in seinen grundlegenden Urteilen die naheliegende Parallele zum Steuerrecht nicht gezogen. Vgl. Lion, Grundstücksschwarzverkäufe, Sonderbeilage zu Heft 2 der Zeitgem. Steuer- und Finanzfragen. 7. Jahrg. 1926.

die Zukunft. Ich möchte hinzufügen: wenn sie zielbewußt von einem obersten Gericht gehandhabt wird, dessen Erkenntnisse auf die Verwaltungspraxis maßgebenden Einfluß besitzen, und wenn dieses Gericht sich davor hütet, den Leitsätzen seiner Urteile die Kraft allgemeiner wissenschaftlicher Sätze zuzuschreiben. Die Wissenschaft hat die Aufgabe, die allgemeinen Folgerungen für das gesamte Rechtsgebiet zu ziehen aus der Fülle der Einzelentscheidungen. Und zu dieser Aufgabe, zu diesem Ziel möchte ich mich freudig bekennen, wenn mir auch gerade durch die Arbeit auf einem Sondergebiet die Schwierigkeiten, es zu erreichen, deutlich geworden sind.

2. Der Einfluss des Steuerrechts auf die Begriffsbildung des öffentlichen Rechts.

Mitbericht von Professor **Dr. Ottmar Bühler** in Münster.[1])

Für die Ausgestaltung des formellen Steuerrechts, mit dem ich mich hier allein beschäftigen möchte, waren bestimmend gewisse leitende Ideen, die zwar von Anfang an nicht folgerichtig festgehalten wurden und sich nachher erheblich gewandelt haben, die es aber auf alle Fälle aufzudecken gilt.

Um sie richtig zu erfassen, müssen wir uns zurückversetzen in das Jahr 1919, das Jahr der Aufwühlung aller Ideen, namentlich auf dem Gebiet des Wirtschaftlichen. Das neu zu schaffende formelle Recht sollte damals das Instrument zur Durchführung der schärfsten, konfiskatorischen materiellen Steuernormen abgeben, vor allem zur Durchführung der unmittelbar bevorstehenden radikalen Kriegsgewinnlerbesteuerung durch die Vermögenszuwachsabgabe von 1919, dann auch des Reichsnotopfers.

Man erwartete lebhaftesten Widerstand bei der Durchführung dieser Steuergesetze, als deren Ziel oder doch tatsächliche Wirkung von mehreren Seiten die „Sozialisierung mittels Steuern" bezeichnet wurde. Daher mußte der Staat mit neuem Rüstzeug zur Brechung dieses Widerstands versehen werden.

Das war der entscheidende Grund einmal dafür, daß man an die Stelle einer Vielheit von Steuerverwaltungen die eine Reichssteuerverwaltung setzte. Dieser große Schritt ist nicht etwa gleich nach dem Umsturz mit aller Entschiedenheit getan worden, sondern der Entschluß dazu wurde, wie

[1]) Verfasser möchte sich, um einer in Vorbereitung befindlichen systematischen Darstellung des Steuerrechts nicht zu weit vorzugreifen, auf eine etwas gekürzte Darstellung seines Vortrags beschränken und auch bezüglich der Belege auf jene kommende Darstellung verweisen. — Der Mitbericht ist bezüglich des ersten der in meinen Leitsätzen behandelten Punkte Korreferat zu den Darlegungen des ersten Berichterstatters, im übrigen im ganzen eine Ergänzung derselben.

Becker uns in der Einleitung zu seinem Kommentar zur Abgabenordnung anschaulich schildert, erst im Juli 1919 gefaßt. So ist es auch zu erklären, daß die Reichsverfassung selbst in Art. 83 die reichseigene Verwaltung nur für Zölle und Verbrauchssteuern vorsieht und daß man daher gelegentlich die Verfassungsmäßigkeit der ganzen Reichsabgabenordnung in Zweifel ziehen konnte (Zweifel, die aber nicht begründet sind).

Jene Notwendigkeit der Brechung starken Widerstands, um bis dahin unerhörte Steuerlasten wirklich konsequent und gleichmäßig durchzuführen, führte nun ferner zu einer Steigerung der Befugnisse der Steuerbehörden auf der ganzen Linie. Erzberger kündigte damals bei einem Ausblick auf die von ihm in Aussicht genommene Neuregelung des Steuerrechts an, daß es gelte, die stärksten Maßnahmen gegen Steuerdrückebergerei und Kapitalflucht zu ergreifen. „Diese Maßnahmen werden derartig sein," sagte er dabei, „daß vor keinem Kassenschrank im Inland und Ausland — auch dafür haben wir Mittel und Wege — Halt gemacht wird. Auch der Strohsack wird beim Bauern draußen nicht gegen den Blick des Steuerbeamten gesichert sein, auch der Strumpf nicht."

Nun, so ganz wahr ists damit ja nicht geworden, aber immerhin für die Ziele der formellen Steuergesetzgebung sind diese Äußerungen kennzeichnend.

Die Ausgestaltung, die sie unter diesem Gesichtspunkt erfuhr, wurde nun aber noch wesentlich beeinflußt durch eine andere, nämlich die Rechtsstaatsidee. Sie gehört zu dem älteren Ideenbestand, der jetzt so realisiert werden sollte, wie er sich unter dem Obrigkeitsstaat entwickelt hatte; er führte ja auch zur Aufnahme einer Bestimmung über das Reichsverwaltungsgericht in die Reichsverfassung.

Der Rechtsstaatsgedanke (im formaljuristischen Sinn ist er hier immer gemeint) verlangt vor allem möglichst genaue Umgrenzung und Festlegung der Befugnisse der Verwaltungsbehörden. Diese Forderung ist — meiner Auffassung nach wenigstens — kein unbedingter Widerspruch zu der erstgenannten der Verleihung schärfster Befugnisse an die Steuerbehörden. Denkbar ist, daß in regelrechten Gesetzen und in einer auch sonst dem Rechtsstaatsprinzip genügenden Weise den Behörden inhaltlich schärfste Befugnisse verliehen werden — wie das z. B. bei der außerordentlichen Steuergesetzgebung von 1923 auch geschehen ist. Tatsächlich wird das Rechtsstaatsprinzip allerdings doch immer einigermaßen mildernd gegenüber jenem anderen wirken.

Es ist nun die große Leistung von Becker, dessen Entwurf zur Reichsabgabenordnung bekanntlich mit nur recht wenigen Änderungen Gesetz wurde, diese beiden Ideen so verschmolzen zu haben, daß jenen Forderungen nach schärfsten Eingriffsmöglichkeiten weitgehend, — aber doch immer noch mit Maß — genügt schien und doch ein großer rechtsstaatlicher Fortschritt erzielt wurde. Einen solchen stellte die Kodifikation des bisher sehr zersplittert und mangelhaft geordneten formellen Steuerrechts an sich schon auf alle Fälle dar — mochte sie auch mit noch so vielen Mängeln behaftet sein. Freilich bin ich der Ansicht, daß diese Mängel gar nicht so groß sind, daß die Abgabenordnung außer einer sachlich maßvollen Regelung auch in vielen Beziehungen eine ausgezeichnete Form aufweist, so daß sie nicht nur unter den Gesetzen von 1919 im allgemeinen weit hervorragt, sondern überhaupt zu den besten öffentlich-rechtlichen Gesetzen der letzten Jahre gehört.

Zu voller Funktion kam die Abgabenordnung in den ersten Jahren nach 1919 allerdings nicht. Zunächst war die Kraft der neuen Reichssteuerbehörden absorbiert durch organisatorische Aufgaben, dann kam die Zeit der Geldentwertung, die zwar das formelle Recht nicht in demselben Maße geradezu seines Inhalts beraubte wie die materiellen Steuernormen, aber seine Wirkungen doch auch sehr stark veränderte und zu vielen außerordentlichen Regelungen drängte. Manche rechtsstaatlichen Garantien mußten bei der überstürzten Durchführung der Steuergesetze wegfallen; bald gab es keine rechten Veranlagungen mehr, das Verfahren wurde immer mehr abgekürzt und den Gipfel stellten schließlich die Rhein-Ruhr-Abgabe und die Betriebsabgabe vom August 1923 dar, bei denen Steuerpflichten schwerster Art ganz im Wege selbsttätiger Einschätzung und Entrichtung unter Wegfall selbst des Steuerbescheids zu erfüllen waren — die weggefallenen Verfahrensbestimmungen wurden durch um so strengere Strafbestimmungen ersetzt. So kann man sagen, daß im Steuerrecht in den Jahren nach dem Krieg viel mehr Kriegsrecht herrschte, als im Kriege selbst.

Nach der Stabilisierung haben wir dann nochmals nahezu zwei Jahre außerordentlichen Steuerregimes gehabt, wie im materiellen Recht (primitive Ersatzmaßstäbe bei der Einkommens- und Vermögenssteuer) so auch im formellen: keine regelrechte Veranlagung der direkten Steuern, starke Beschränkung der Rechtsmittel usw.

Erst die Durchführung der Gesetze vom 10. August 1925 zeigt die Reichsabgabenordnung und das was zu ihrer Ergänzung inzwischen geschaffen worden war, in einigermaßen normaler Anwendung.

Inzwischen haben sich aber unsere Anschauungen in den wirtschaftlichen Dingen einigermaßen gewandelt. Wie wir im materiellen Steuerrecht von der konfiskatorischen Ausgestaltung der Steuern — die den Sozialisierungstendenzen entsprach — zurückgekommen sind, so haben wir auch im formellen Recht wieder mehr Rücksicht darauf nehmen gelernt, daß die steuerlichen Eingriffe möglichst in Einklang mit den wirtschaftlichen Notwendigkeiten gebracht werden sollen. Daß die Reichsabgabenordnung im ganzen maßvoll vorgegangen war, zeigte sich eben nun und zwar darin, daß sehr viel an ihr jetzt doch nicht zu ändern war. Einige wenige formell-rechtliche Ausläufer jener Ausgestaltung wurden beseitigt, so vor allem die selbständige Anzeigepflicht der Banken nach § 189 AO., die 1923 aufgehoben wurde. Aber gerade für die Banken ist die Aufhebung des Bankgeheimnisses insofern geblieben, als Banken nicht nur wie früher in einem gerichtlichen Zivil- oder Strafverfahren als Zeugen aussagen müssen, wie andere Privatpersonen, sondern als sie auch im gewöhnlichen Ermittlungsverfahren wie sonstige Dritte von den Finanzämtern über die Konten ihrer Kunden befragt werden können. Wir sehen augenblicklich wieder eine Bewegung auf Beseitigung dieses rechtlichen Zustandes, weil er durch Schädigung des Vertrauens in die Banken volkswirtschaftlich mehr schade als er finanzwirtschaftlich nütze — aber durchgedrungen sind diese Bestrebungen bis jetzt nicht.

Auch sonst ist die große Erweiterung der Machtmittel der Behörden bis jetzt im ganzen geblieben und sie wird wohl auch bleiben. Dazu kommt nun, daß seitens der inzwischen gut eingearbeiteten Steuerverwaltung diese großen Machtmittel auch wirklich weitgehend gehandhabt werden — so daß längst der Spott über die unwirksame Steuerverwaltung den Klagen über ihre allzugroße Macht gewichen ist.

Nunmehr zur Betrachtung einiger Einzeleinrichtungen die für die Ausgestaltung der Finanzgewalt typisch sind, so wie sie die Abgabenordnung und Einzelsteuergesetze brachten und eine schon recht eingehende rechtschöpferische Rechtsprechung des Reichsfinanzhofs sie weiter entwickelt hat.

1. Das Wesen des Steuerpflichtverhältnisses. Die Bedeutung und die Eigenart der Finanzgewalt als neben der Polizei wichtigsten Erscheinungsform der öffentlichen Gewalt ist uns von Otto Mayer mit der ihm eigenen Meisterschaft geschildert worden. Auch Fleiner und Herrnritt haben sich in ihren Verwaltungsrechtsdarstellungen eingehend mit ihr beschäftigt (während sie von Hatschek vernachlässigt wird).

An Otto Mayers Darstellung knüpfen wir am besten an, wenn wir zeigen wollen, wie weit die vom neuen Reichssteuerrecht geschaffenen Figuren dogmatisch und rechtsgedanklich neues gebracht haben.

Von seiner Terminologie müssen wir uns allerdings frei machen. Die Steuerauflage, der Steueranspruch oder die Steuerforderung des Staats, die Steuerzahlungspflicht, mit Vorbehalt auch die Steuerpflicht — diese Ausdrücke verwendet er für das materielle Steuerschuldverhältnis, während er den „Finanzbefehl" auf das Gebiet des formellen Rechts, die Geltendmachung von „Nebenpflichten" oder „Hilfslasten" beschränkt, die nach der Reichsabgabenordnung jetzt Hilfspflichten heißen. Mindestens auf dem Gebiet der Verbrauchssteuern mit der ihnen eigentümlichen gesteigerten Überwachung verdichten sie sich nach seiner Ausdrucksweise zu einem Finanzgewaltverhältnis.

Damit haben wir den Begriff berührt, um den jetzt der Streit geht, ein Streit der teils mehr nur terminologischer Natur ist, teils tiefere Unterschiede in der Auffassung verrät.

Der Kern dieses Streits ist, ob das Steuerpflichtverhältnis wirklich so etwas wie ein Gewaltverhältnis ist oder ob dieser Ausdruck zu verwerfen ist und statt seiner mehr die Vorstellung eines bloßen Schuldverhältnisses das Richtige trifft.

Otto Mayer, Fleiner, auch Herrnritt betonen sehr entschieden die obrigkeitliche Ausgestaltung des Steuerverhältnisses; die beiden ersteren sprechen ausdrücklich beim Verbrauchssteuerrecht, Herrnritt ganz allgemein vom Steuerverhältnis als einem Gewaltverhältnis. Diese Auffassung ist ferner von Franz Schneider in seiner interessanten Schrift „Das Abgabengewaltverhältnis", 1918, vertreten worden. Die Darstellungen des neuen Steuerrechts von Hensel, Mirbt und Nawiasky wollen es dagegen mehr als bloße Obligation aufgefaßt wissen, am entschiedensten Nawiasky der geradewegs sagt nicht Überordnung, sondern Gleichordnung herrsche beim Steuerverhältnis. Daraus ergibt sich dann auch die Verwendung der Begriffe Steuerschuldner und Steuergläubiger für seine Träger.

Ich muß gestehen, daß ich es in diesem Punkt durchaus mit der älteren Gruppe von Schriftstellern halte, die ihre Sätze aus dem Vorkriegssteuerrecht ableiteten. Ich kann nicht finden, daß in der Gesetzgebung seither etwas passiert wäre, was die Auffassung Otto Mayers widerlegen würde, im Gegenteil finde ich, daß nicht nur im Verbrauchssteuerrecht das alte Gewaltverhältnis erhalten geblieben ist, sondern daß durch die Ausdehnung der Steueraufsicht auf die Umsatzsteuer und damit auf den ganzen Handel und auch die Urproduktion, aber auch durch den Ausbau der formellen Pflichten bei den direkten Steuern, überhaupt die Steigerung der Befugnisse der Steuerbehörden auf der ganzen

Linie das Überordnungsverhältnis des Staats im Steuerrecht im ganzen noch erheblich verstärkt worden ist.

Vorweg sei genommen ein Einwand, der bei diesen Schriftstellern eine gewisse Rolle spielt, dessen Nichtstichhaltigkeit ich aber schon betont habe: von einem Gewaltverhältnis könne schon deshalb nicht geredet werden, weil ja die Befugnisse des Staats jetzt durchaus in Rechtsnormen bestimmt sein müßten. Das trifft in der Tat zu — auf dem Gebiet des Steuerrechts schon viel länger und in höherem Maße als auf dem Gebiet der Polizei, aber damit ist die Frage wirklich noch nicht entschieden, ja es ist über sie noch gar nichts gesagt. Denn auch das Beamtenrecht ist gesetzlich geregelt und das Beamtenverhältnis doch ein Gewaltverhältnis, auch die elterliche Gewalt ist gesetzlich geregelt und doch eine Gewalt, desgleichen ist der Strafvollzug jetzt aufs eingehendste geregelt und doch bleibt das Rechtsverhältnis des Strafgefangenen zur Strafvollzugsbehörde der Urtyp eines Gewaltverhältnisses. Es kommt doch nicht darauf an, ob etwas geregelt ist, sondern wie es geregelt ist!

Nun ist schon beim materiellen Steuerschuldverhältnis der Staat als Inhaber der Steuerforderung über einen privaten Gläubiger in entscheidender Weise hervorgehoben durch das was mit dem Ausdruck Vollstreckungsprivileg noch keineswegs genügend gekennzeichnet ist: durch die Möglichkeit, wegen der von ihm selbst festgesetzten Forderungen ganz ungeachtet etwaiger Rechtsmittel nicht nur sofort vollstrecken zu können ohne erst klagen zu müssen, — dafür gibt es allenfalls noch Parallelen im Zivilrecht, z. B. im Fall der Ausstellung einer Exekutivurkunde — sondern auch die Vollstreckung einschließlich der höchst einschneidenden Arrestverhängung selbst durchzuführen. In der Vereinigung von Gläubigerstellung und eigener Vollstreckungsmacht liegt die entscheidende Überlegenheit, das was den Staat auch in rein materiell-rechtlicher Hinsicht ausgesprochen zur persona potentior macht.

Abschwächungen dessen haben wir im Stadium der Zwangsvollstreckung, wenn für gewisse Handlungen (z. B. die Zwangsversteigerung von Grundstücken) das ordentliche Gericht angerufen werden muß und ebenso im Fall des Konkurses — und bezeichnenderweise spricht die Reichsabgabenordnung im Vollstreckungsstadium allein vom Steuerschuldner, sonst immer vom Steuerpflichtigen — (vom Steuergläubiger spricht sie überhaupt nie!). Ich halte die Ausdrücke Steuergläubiger — Steuerschuldner in der Tat allenfalls in diesen letzteren Fällen für angebracht, sonst für anfechtbar. Wer dem Steuerpflichtigen gegenübersteht, das ist nicht jemand mit der schwachen Stellung eines privaten Gläubigers, der nur durch den Arm des Gerichts etwas ausrichten kann, sondern der überlegene Staat; man spricht am besten von der Steuerverwaltung oder der Steuerbehörde oder dem Inhaber der Steuerhoheit, wenn man den Gegenspieler des Steuerpflichtigen benennen soll.

Daß nun vollends auf dem Gebiet der formellen Befugnisse das Überlegenheitsverhältnis des Staats eindeutig hervortritt, kann man doch unmöglich bestreiten. Gewiß sind auch hier rechtliche Grundlagen für jede Maßnahme der Steuerbehörde nötig, aber wieder handelt es sich darum, wozu diese die Steuerverwaltung ermächtigen.

Und das ist nun, wenn wir's genauer besehen, doch einfach eine überwältigende Machtstellung: Fragerechte, jetzt schon im Vorbereitungsstadium beginnend, im eigentlichen Veranlagungsverfahren innerhalb des durch den steuerlichen Zweck Gebotenen geradezu unbegrenzt, Rechte auf schriftliche Auskunft, auf Vorladung, auf Vorlegung der Bücher einschließlich der Geheimbücher, auf Eröffnung von Behältnissen; weite Erstreckung dieser Rechte auf Dritte, so daß sie zur Zeugnisablegung gegen langjährige Geschäftsfreunde usw. angehalten werden können (ein Recht, das auf dem Gebiet des Polizeirechts in Preußen von der Praxis zwar auch bejaht, von der Theorie aber eigentlich überwiegend abgelehnt wird). Aber auch außerhalb eines konkreten Veranlagungsverfahrens, in welchem die Befugnisse der Steuerverwaltung sozusagen potenzierte sind, weitgehende Kontrollrechte einmal für alle der Steueraufsicht Unterworfenen, dann auch jenes Recht der Kontrolle des Verbrauchs wegen des jetzt zugelassenen Verbrauchsmaßstabs bei der Einkommensteuer — und nicht zuletzt schließlich die besonders einschneidenden Befugnisse bei der Buch- und Betriebsprüfung, die ja überhaupt nur im Strafverfahren eine Parallele haben.

Daß bei dieser Seite des Steuerrechtsverhältnisses die obrigkeitliche Stellung des Staats sozusagen in Reinkultur zur Ausprägung gekommen ist — wer wollte es leugnen?

Trotz allem möchte ich mich keineswegs auf die Bezeichnung Abgabengewaltverhältnis festlegen, das Schneider so unbedenklich anwendet. Es bestehen in der Tat Bedenken gegen den Ausdruck. Unbestrittene Gewaltverhältnisse haben wir im Falle des Beamten, des Soldaten, des Strafgefangenen, vielleicht auch des Anstaltsschülers. In allen diesen Fällen wird die ganze Lebenssphäre von dem Verhältnis ergriffen und darum haben wir in allen diesen Fällen auch ein Disziplinarstrafrecht.

Es läßt sich sehr wohl der Standpunkt vertreten, nur auf Verhältnisse dieser Art den Ausdruck Gewaltverhältnis anzuwenden.

Die Steuerpflichtigkeit ist, wenn überhaupt ein Gewaltverhältnis, dann jedenfalls ein solches anderer, schwächerer Art. Es gleicht übrigens durchaus dem aus der Unterwerfung unter die Polizeigewalt entstehenden; bejahen wir aber in beiden Fällen ein Gewaltverhältnis, dann haben wir das Ergebnis, daß wir alle ständig in Gewaltverhältnissen stehen, wodurch der Begriff dann wieder sozusagen an Wert verliert.

Man kann also aus diesen Gründen das allgemeine Steuergewaltverhältnis ablehnen. Es bleibt dann noch die Möglichkeit den Ausdruck anzuerkennen für jene potenzierten Steuerpflichtverhältnisse, wie wir sie im Fall der Steueraufsicht namentlich im Verbrauchssteuerrecht, aber auch allgemein im Veranlagungsverfahren haben.

Wie immer man sich zu diesen mehr terminologischen Fragen stellt, im ganzen gibt der Ausdruck Gewaltverhältnis allerdings noch eher ein Bild von der wirklichen Lage der Dinge, als der Ausdruck Steuergläubiger.

2. Den Bestimmungen über die Auskunftspflicht Dritter sind durch die §§ 177 und 181 AO. grundsätzlich auch alle anderen Behörden unterworfen mit Vorbehalt nur des Untersagungsrechts der vorgesetzten Behörde und der Wahrung des Post-, Fernsprech- und Telegraphengeheimnisses. Hinzufügt § 191 AO. sogar die Pflicht zu aktiver Beistandsleistung für alle Behörden den Steuerbehörden gegenüber.

Umgekehrt gibt die Steuerverwaltung auf Grund des Steuergeheimnisses, wie es § 10 AO. festlegt, von strafbaren Handlungen (anderen als steuerstrafrechtlichen), die sie erfährt, den Gerichtsbehörden nicht nur von selbst keine Kenntnis, sondern sie verweigert auch Zeugnis und Aktenmitteilung.

So kann man wohl von einem gewissen Vorrang der Steuervor sonstigen Gerichts- und Verwaltungsbehörden sprechen — ebenso wie der Reichsfinanzminister auf Grund der Reichshaushaltsordnung eine gewisse Vorrangstellung hat, deren Verfassungsmäßigkeit allerdings nicht außer Zweifel steht.

3. Mannigfache Bereicherung verdankt der Kodifikation des neuen Steuerrechts die Lehre von den Verfügungen, vor allem die Lehre von ihrer Rechtskraft. Dies Wort selbst ist von der Reichsabgabenordnung allerdings durchaus vermieden, es ist zerlegt in die Figuren der Zurücknehmbarkeit (durch die erlassende Behörde selbst) und die Anfechtbarkeit (durch die Steuerpflichtigen).

Oberster Grundsatz ist die freie Zurücknehmbarkeit nach § 75 RAO. Davon werden drei Gruppen von Ausnahmen gemacht: einmal für Steuerbescheide (§ 76), dann für Ordnungsstrafverfügungen (§ 77) endlich für die uns hier vor allem interessierenden Rechte gewährenden Verfügungen, wie wir die Anerkennungen, Genehmigungen, Bewilligungen und Erlaubnisse zusammenfassend nennen können, von denen § 78 AO. spricht.

Es ist eine altes Problem des öffentlichen Rechts, wie weit solche Rechtsgewährungen sollen zurückgenommen werden können. Eine früher häufig versuchte Lösung, die sich vereinzelt auch in Gesetzen findet, ging dahin, daß man sagte: Verfügungen dürfen nicht zurückgenommen werden, soweit durch sie Rechte erworben sind. Dies ist eine gefühlsmäßig richtige Lösung, mit der auch ein Teil der Fragen gelöst werden kann; für einen anderen Teil bedeutet sie aber nichts anderes als einen circulus vitiosus. Wenn ich bei den am meisten streitigen einfachen polizeilichen Erlaubnissen — z. B. zur Abhaltung eines Maiumzugs, um einen vom preußischen Oberverwaltungsgerichts mehrfach entschiedenen Fall anzunehmen —frage: hat hier die Partei ein Recht erworben, das der Zurücknahme entgegensteht, so muß darauf, wie ich schon in meinen „Subjektiven öffentlichen Rechten" glaube nachgewiesen zu haben, geantwortet werden: die feste Position, die das Recht ausmacht, würde eben nur geschaffen durch einen Rechtssatz, der die Zurücknahme verbietet; insofern also besagt jene Lösung nur: die Behörde darf nicht zurücknehmen, wenn sie nicht zurücknehmen darf. (Und das ändert sich natürlich auch nicht, wenn ich in solchen Fällen neben dem subjektiven öffentlichen Recht mit Hatschek die Figur eines öffentlich-rechtlichen Besitzstandes einführe.)

Die Rechtsprechung des preußischen Oberverwaltungsgerichts geht, wie Schön (in den Verwaltungsrechtlichen Abhandlungen für das preußische Oberverwaltungsgericht, 1925) jüngst dargelegt hat, dahin, daß auch solche Erlaubnisse zurückgenommen werden können einmal solange noch kein Gebrauch von ihnen gemacht ist, weiter aber auch, wenn von ihnen Gebrauch gemacht ist wegen überragenden öffentlichen Interesses, und zwar ohne Entschädigung. Letzteres wird von Schön kritisiert; in der Literatur sind noch allerlei weitere Lösungen vertreten.

Festen Boden erhalten wir in der Frage nur durch gesetzliche Regelung. Im Steuerrecht spielen Anerkennung der Gemeinnützigkeit und sonstiger steuermildernder Momente, einmal ausgesprochener Steuererlaß, namentlich auch die Gewährung von Erstattungen eine Rolle. Hier ist nun die Zurücknahme, wofern nicht Widerruf ausdrücklich vorbehalten ist, durch die Reichsabgabenordnung in § 78 auf sachlich vier Fälle eingeschränkt: 1. Die sachlich unzuständige Stelle hat entschieden; 2. es lag Erschleichung vor (in diesen beiden

Fällen haben wir es mit ursprünglichen Fehlerhaftigkeiten des Verwaltungsakts zu tun, als deren Folge wir uns eigentlich mehr eine Anfechtung mit Rückwirkung denken); 3. Änderung der tatsächlichen Verhältnisse, die für die Erlassung der Verfügung maßgebend waren; 4. Nichterfüllung von Verpflichtungen oder Bedingungen. Keinen Grund zur Zurücknahme gibt also spätere Änderung in der Auffassung des Tatsächlichen oder Rechtlichen seitens der Behörde.

Mit dieser Lösung ist Klarheit geschaffen und wir können nun sagen: Durch die Verfügung erwirbt der Steuerpflichtige ein Recht auf die ihm eingeräumte Position soweit nicht eine dieser vier Ausnahmen eingreift.

4. Was die Rolle von Verträgen zwischen Steuerverwaltung und Steuerpflichtigem betrifft, so hat die von Otto Mayer zur Herrschaft gebrachte Lehre ihnen kaum mehr irgendwelchen Raum im heutigen Steuerrecht einräumen wollen. Auch der Reichsfinanzhof läßt in der Tat Verträge gar nicht gelten als Entstehungsgrund für eine Steuerpflicht. Unter andern hat er auch ausgesprochen (Entsch. Bd. 16 S. 1), daß die Anerkennung der Steuerpflicht aus Anlaß des Unterwerfungs- (Straf-) Verfahrens Steuerpflichten, die an sich nicht bestanden, nicht begründen könne. Aber wie dieses Unterwerfungsverfahren das vertragliche Element im Strafverfahren selbst zur Geltung bringt, so haben wir auch sonst im positiven Recht eine Reihe von Bestimmungen, in denen es sich um mindestens etwas Vertragsähnliches handelt: Die in verschiedenen Gesetzen zugelassenen Pauschalierungsverträge (vgl. z. B. Erbschaftssteuergesetz von 1925 § 35), die Verträge über die „Festsetzung der Steuer im Wege der Abfindung“ (Versicherungssteuergesetz § 14) usw. gehören hierher. Mag man nun für diese Verträge noch bezweifeln, ob sie wirklich Verträge sind und ob es sich nicht vielmehr bei ihnen um Verwaltungsakte auf Unterwerfung oder um „zweiseitige Verwaltungsakte“ im Sinne von W. Jellinek (Verwaltungsrechtliche Abhandlungen für das Preuß. Oberverwaltungsgericht) handelt, so können ihnen doch eine Reihe anderer Fälle angefügt werden, bei denen es sich zweifellos um volle vertragliche zweiseitige Bindungen handelt: Die Vereinbarungen der Gemeinden mit den Steuerpflichtigen gehören hierher, die im Vorkriegsrecht in den §§ 13 und 43 des Preuß. Kommunalabgabengesetzes ihre Grundlage hatten und die heute wieder nach § 49 der Preuß. Gewerbesteuerverordnung von 1923/26 zugelassen sind und mit denen im Interesse der Gleichmäßigkeit der Steuer, die für Gemeinden ebenso von Wert ist wie für den Steuerpflichtigen, die Höhe der Steuer auf Jahre hinaus abweichend vom Gesetz festgelegt werden kann. Einen Fall

dieser Art haben wir nun auch im Einkommensteuergesetz von 1925 nach dessen § 47 für Ausländer die Steuerpflicht abweichend vom Gesetz auf die Dauer von höchstens fünf Jahren in einem Pauschbetrag festgesetzt werden kann. Welche Sätze für die Auslegung solcher Verträge und überhaupt im Falle des Streits um sie anzuwenden sind, wird Rechtslehre und Rechtsprechung nach verschiedenen Richtungen noch zu entwickeln haben.

5. Anerkanntermaßen liegt im Ausbau des Rechtsschutzes einer der wichtigsten Fortschritte des heutigen gegenüber dem Vorkriegssteuerrecht. Zwar stellt das Berufungsverfahren für direkte Steuern nur den Ersatz für Berufung und Revision nach dem Recht der meisten Einzelstaaten dar; immerhin ist auch hier die einigermaßen gerichtsartige Ausgestaltung der Mittelinstanz eine Neuerung. Vor allem aber sind wertvolle Fortschritte die Eröffnung des gleichen Weges für die Verkehrssteuern des Reichs (unter Beseitigung der Zuständigkeit der Zivilgerichte) und die Zulassung der Rechtsbeschwerde in Zoll- und Verbrauchssteuersachen wie auch für die praktisch wichtigsten Fälle des Streits wegen formeller Verpflichtungen.

Obwohl das Berufungsverfahren verhältnismäßig weitgehend prozessual ausgestaltet ist, wird es doch vom Reichsfinanzhof mit Recht als in der Hauptsache erweitertes Festsetzungs- und Verwaltungsverfahren gekennzeichnet. Jedenfalls ist es weniger parteimäßig ausgestaltet als das preußische Verwaltungsstreitverfahren; das angegriffene Finanzamt ist, wofern es nicht selbst die Berufung einlegte, nur „Beteiligter", der nicht weiter mitzutun braucht, als er will. In diesem wie anderen Punkten ist für das Verfahren mehr die süddeutsch-österreichische (auch sächsische) Ausgestaltung der Verwaltungsgerichtsbarkeit maßgebend gewesen, als das preußische Verwaltungsstreitverfahren. Auch die Rechtsbeschwerde nimmt, und zwar nicht zufällig, den Namen von älteren deutschen Ausgestaltungen. Die eigentliche Ermessensfrage ist bei ihr grundsätzlich, die Tatfrage bis auf Verstöße wider den klaren Inhalt der Akten von der Nachprüfung ausgeschlossen. Die Rechtsbeschwerdegründe sind in § 267 wesentlich glücklicher formuliert, als in dem viel umstrittenen § 127 des Preuß. Landesverwaltungsgesetzes.

Was die Ermessenskontrolle betrifft, die der Reichsfinanzhof alsbald in recht weitgehendem Maß auszuüben begonnen hat, so habe ich seiner Zeit (in meinen Subj. öffentl. Rechten) namentlich gegenüber Jellinek gegen ihre Zulässigkeit auch auf Gebieten, wo das Gericht auf die Prüfung von Rechtsverletzungen beschränkt ist, eingewendet, daß sie im Ergebnis den vom Gesetz doch nun einmal aufgestellten Unterschied zwischen rechtlicher Gebundenheit und freiem Ermessen aufhebe.

Die Praxis der Verwaltungsgerichte hat die Ermessenskontrolle seither nur immer weiter ausgebaut — vor allem das preußische und das sächsische — weniger, wie mir scheint, auch heute die süddeutschen Verwaltungsgerichtshöfe. Ich habe mich inzwischen auch davon überzeugt, daß diese Ermessenskontrolle namentlich im preuß. Polizeirecht praktisch kaum zu entbehren ist. Jenes grundsätzliche Bedenken allerdings kann ich nicht fallen lassen und ich finde es doch weitgehend bestätigt durch das Ergebnis, zu dem die Rechtsprechung des Reichsfinanzhofs in dieser Beziehung geführt hat. Indem ich auf das verweise, was Becker in seinem vortrefflichen Kommentar zur Reichsabgabenordnung namentlich bei den §§ 6 und 169 aus der einschlägigen Rechtsprechung des Reichsfinanzhofs anführt, kann ich mich hier darauf beschränken, die Schlußfolgerung wiederzugeben, die Becker selbst aus dieser Rechtsprechung zieht. Er sagt (Anm. 3 zu § 6), der Reichsfinanzhof habe zwar nicht sein eigenes Ermessen an die Stelle desjenigen des Finanzamts zu setzen, aber er habe doch auch nicht nur einzugreifen, wenn die angefochtene Anordnung nur als Willkür oder Schikane gedeutet werden könne, er sei nicht nur darauf beschränkt, zu prüfen, ob ein Mißbrauch des Ermessens im engeren Sinn vorliege, sondern schon wenn unbilliges verlangt werde und auch wegen offensichtlicher Unzweckmäßigkeit könne er aufheben. Damit scheint mir nun wirklich die Grenze zwischen freiem Ermessen und rechtlicher Gebundenheit ganz und gar flüssig geworden zu sein.

Die originelle Einrichtung der amtlichen Gutachten des Reichsfinanzhofs, die in mancher Beziehung wie Entscheidungen selbst wirken, hat zwar nicht alle Hoffnungen erfüllt, die an sie geknüpft waren, — der Reichsfinanzhof selbst wünscht gar nicht, häufig zu ihnen veranlaßt zu werden, weil er auf Grund einer allgemeinen Fragestellung das Problem in seiner praktischen Tragweite oft nicht so klar übersieht wie wenn es im Wege eines Prozesses an ihn gebracht wird, — aber es stellt doch einen interessanten Fortschritt in der Art der Fortbildung des Rechts dar.

Die von manchen getadelte Beibehaltung der Kontrolle der ordentlichen Strafgerichte über die Strafttätigkeit der Finanzbehörden macht für jene auch eingehende Befassung mit dem Steuerrecht nötig; die Mitarbeit der ordentlichen Gerichte, die in Durchdringung des Steuerrechts schon so viel wertvolles geleistet haben, bewahrt uns aber auch vor zu starken Besonderheiten in der Entwicklung des Steuerrechts, zu denen eine ausschließliche Beherrschung seiner Anwendung durch ein Spezialgericht sonst leicht führen könnte.

Mit dieser Aufrechterhaltung doppelter Zuständigkeit in Steuersachen haben wir im Steuerrecht also denselben Zustand wie im Polizeistrafrecht. Eine Konzession an den Gedanken der Einheit in der Steuerrechtsprechung war nun die Vorschrift des § 433 RAbgO., der das Strafgericht hinsichtlich der Vorfrage des Bestehens und der Höhe des Anspruchs an die Entscheidung der Steuergerichte und -behörden bindet; eventuell muß eine Entscheidung des Reichsfinanzhofs besonders eingeholt werden. Diese Bindung der Gerichte ist von diesen zunächst allerdings als ziemlich lästig empfunden worden; nachdem die Fälle der Anwendung des § 433 durch praktisch ausgedachte Änderungen der Strafbestimmungen wesentlich eingeschränkt sind, scheinen mir die Vorteile der Einrichtung zu überwiegen. Die Zeiten sind nun einmal vorbei, in denen man annehmen konnte, daß die ordentlichen Gerichte zur Lösung der Fragen aus allen Rechtsgebieten die berufensten seien.

6. Verordnungswesen. In den letzten Jahren sind auf fast allen Gebieten des öffentlichen wie auch des privaten Rechts Verordnungen in früher nicht erlebtem Umfang ergangen; im Steuerrecht dürften sie auch nach Rückkehr einigermaßen normaler Zeiten dauernd größere Bedeutung haben als vor dem Krieg. Hier ergehen namentlich auch neben den Rechtsverordnungen — und von ihnen leider meist nicht klar geschieden — zahlreiche Verwaltungsverordnungen des Reichs, weil dieses ja hier im Unterschied vom Justiz- und vom übrigen Verwaltungsrecht für die Ausführung eigene Behörden hat.

So sind auch die Streitfragen des Verordnungsrechts hier der Reihe nach aufgetaucht und häufiger Gegenstand der Rechtsprechung des Reichsfinanzhofs geworden. Zu einem Teil von ihnen gibt die immer noch unklare Terminologie Anlaß. Zwar der irreführende Ausdruck Bekanntmachungen für Rechtsverordnungen ist zum Glück verschwunden; dafür tauchen aber nun „Bestimmungen" (zum Beispiel Vergüngungssteuerbestimmungen vom 23. Juli 1923 — in Wirklichkeit eine echte Rechtsverordnung) hier auf. Der Ausdruck Rechtsverordnung ist jetzt auch gesetzesamtlich geworden, wird da aber in einer Beschränkung verwandt, die eine Quelle neuer Verwirrung gibt. Weiter sind Streitfragen durch die Einführung von Durchführungsbestimmungen neben den regelrechten Ausführungsbestimmungen neu entstanden.

Eine der praktisch wichtigsten Streitfragen des Verordnungsrechts bestand und besteht darin, ob regelrechte Ausführungsbestimmungen Rechtsnormen enthalten dürfen oder nicht. Die Theorie glaubte das zum Teil aus rechtsstaatlichen Bedenken, früher auch wegen des Ausdrucks Verwaltungsvorschriften in Art. 7 Ziff. 2 der Reichsverfassung von 1871 (welcher Ausdruck aber auch in Art. 77 der neuen Reichsverfassung wiederkehrt) verneinen zu müssen. In der in den Leitsätzen angeführten Abhandlung habe ich mich bemüht, den Nachweis zu erbringen, daß die Ausführungsbestimmungen dann, wenn sie auf ausdrücklicher Ermächtigung zu ihrem Erlaß im Einzelsteuergesetz gegründet sind, von dieser Schranke, die aus dem Wort Verwaltungsvorschrift in der Reichsverfassung allenfalls entnommen werden kann, frei sind und daß auch kein sachliches Bedenken besteht, ihnen in diesem Fall den Charakter von Rechtsnormen zuzuerkennen; dies ist im Gegenteil vorteilhafter, weil sonst der Reichsfinanzminister auf den Weg der besonders ermächtigten Verordnungen gedrängt wird und hier noch viel mehr erreicht.

Ein paar Schlußbemerkungen seien einem Ausblick über das dogmatische hinaus nach der staatsrechtlichen Auswirkung unserer neuen Steuerrechtsordnung gewidmet.

Die staatsrechtlichen Auswirkungen der Übernahme der Steuerverwaltung auf das Reich sind tatsächlich noch immer nicht zu übersehen. Von den unitarischen Fortschritten der Neugestaltung von 1919 ist sie sicher der folgenschwerste, da das Heer für die innere Verwaltung doch keine so große Rolle spielt und die Reichsbahn keine eigentliche Reichsverwaltung mehr darstellt.

Zur Frage, ob der Übergang zur Reichssteuerverwaltung 1919 segensreich war oder nicht, kann man sich verschieden stellen. Für meine Person bin ich, obwohl von Hause aus als Süddeutscher föderalistisch eingestellt und von Vorliebe für den Berliner Zentralismus frei, doch der Ansicht, daß es das richtige war. Wie immer man sich aber hierzu stellt, soviel ist jedenfalls sicher, wenn jener große Schritt überhaupt getan werden sollte, dann konnte es nur 1919 geschehen; später wäre es, wie z. B. der heutige Kampf um die Durchführung der Reichswasserstraßenverwaltung zeigt, nicht mehr gegangen.

Bei dem Zurückfluten der Wellen von 1919, die so vieles wieder mit sich gerissen haben, ist die Reichssteuerverwaltung eines von den Dingen gewesen, die blieben und das Machtverhältnis zwischen Reich und Ländern dauernd und stark beeinflussen.

Bestrebungen auf Rückgängigmachung dieses Schritts, die 1924 hervortraten, sind zum Glück erfolglos geblieben; im Gegenteil haben wir 1925 einen weiteren sehr wichtigen Schritt zur Vereinheitlichung der Steuerverwaltung getan mit dem Reichsbewertungsgesetz. Dieses trägt der langsam sich geltend machenden Auswirkung der Reichssteuerordnung auf die Landes- und Gemeindesteuern Rechnung. Sicher werden weitere Schritte in dieser Richtung nicht ausbleiben können. Einer der nächsten wird sich daraus ergeben, daß das Reich die Schmälerung seiner Einkommensteuer durch die unbegrenzte Anspannung der kommunalen Gewerbesteuer nicht weiter wird mitansehen können. Überhaupt wird es unausbleiblich sein, daß von dieser Seite her die Ansätze zu einer Reichskommunalaufsicht sich verstärken.

Aber nicht nur die Frage der Selbstverwaltung, auch die der föderativen Gliederung des Reichs wird von dieser Seite her in den nächsten Jahren sicher am meisten in Fluß gehalten werden. Wie das Steuerbewilligungsrecht in früheren Zeiten den Hauptansatzpunkt für die konstitutionelle Bewegung und später dann im Reich langsam der Bahnbrecher für die Umgestaltung des Verhältnisses von Reich und Gliedern wurde (und es auch ohne den Krieg in noch höherem Maß geworden wäre), so wird es sich auch in Zukunft als einen der stärksten Faktoren der staatsrechtlichen Entwicklung erweisen.

2a. Leitsätze des Mitberichterstatters.

Bei der Würdigung der begrifflichen und rechtsgedanklichen Neugestaltungen des formellen neuen Steuerrechts — auf das sich dieser zweite Bericht beschränkt — soll von den außerordentlichen, die rechtsstaatlichen Sicherungen weitgehend ausschaltenden Regelungen abgesehen werden, die während der Zeit der Geldentwertung und auch noch beinahe zwei Jahre darüber hinaus das reguläre Steuerrecht zurückgedrängt haben. Für die erst jetzt sich langsam herstellende Lage normalen Funktionierens des formellen Steuerrechts bei Durchführung einigermaßen normaler materieller Steuergesetze kann folgendes gesagt werden:

1. Das Steuerpflichtverhältnis, umfassend die materielle Steuerschuld und die mit ihr verbundenen formellen Pflichten, ist in beiden Beziehungen entschieden nach dem Prinzip der Überlegenheit des Staat ausgestaltet: mag dahingestellt bleiben, ob man geradewegs von einem Abgabengewaltverhältnis sprechen soll, so steht seine Ausgestaltung einem solchen doch jedenfalls näher als dem privatrechtlichen Schuldverhältnis; daher Bedenken gegen die Terminologie Steuergläubiger — Steuerschuldner, richtiger vielmehr die Bezeich-

nungen Steuerverwaltung — Steuerpflichtiger für die Träger der steuerrechtlichen Beziehungen.

2. Die Rechte der Steuerbehörden auf Auskunft und Beistand gehen auch gegenüber anderen Verwaltungs- und Gerichtsbehörden so weit, daß sie zusammen mit dem andererseits weit ausgedehnten Recht der Wahrung des Steuergeheimnisses gerade auch gegenüber anderen Behörden einen gewissen Vorrang der Steuergewalt vor anderen Gewalten, der Steuerbehörden vor anderen Behörden, ergeben.

3. Die Lehre von der Verwaltungsverfügung und ihrer Verbindlichkeit hat durch die §§ 73—78 RAO. eine bedeutsame Bereicherung erfahren; namentlich schafft die Umgrenzung der Möglichkeiten der Zurücknahme einer rechtsgewährenden Verfügung (§ 78) klares Recht in einer Frage, in der für das Polizeirecht Theorie und Rechtsprechung noch zu keinem einheitlichen Ergebnis gelangt sind.

4. Trotz der im Steuerrecht besonders streng geltenden Gesetzmäßigkeit der Verwaltung sind auch jetzt durch ausdrückliche gesetzliche Ermächtigungen öffentlich-rechtliche Verträge zum Zweck der Vereinbarung von Pauschalwerten und Abfindungsmaßstäben, aber auch zur Gewährung von Steuererleichterungen zugelassen.

5. Bei der Ausgestaltung des Rechtsschutzes verdient die weite Ausdehnung der Rechtskontrolle des Reichsfinanzhofs (auch über das formelle Recht) ebenso großes Lob wie die Formulierung der Rechtsbeschwerdegründe (§ 267 RAO. wesentlich glücklicher formuliert als § 127 des Preuß. LVG. bei ähnlicher Frage).

Über die Schranken der Rechtskontrolle, die § 267 RAO. für den RFH eigentlich errichtet, hat dieser sich allerdings bei der Ermessenskontrolle, die er ausübt, ebensoweit oder noch weitergehend hinweggesetzt als das preuß. Oberverwaltungsgericht.

Die Aufrechterhaltung der Zuständigkeit der Strafgerichte in Steuerstrafsachen bewirkt ähnlich wie im Polizeirecht eine wertvolle Mitarbeit der ordentlichen Gerichte an der Auslegung und Weiterentwicklung der Steuergesetze. Die für unser heutiges Recht ungewöhnliche Bindung des Strafrichters an den Ausspruch der Finanzbehörde über die steuerrechtliche Vorfrage (§ 433 RAO.) ist mit praktischen Notwendigkeiten begründet worden, enthält in Wirklichkeit ein Prinzip, dem vielleicht die Zukunft mehr gehört als dem gegenteiligen.

6. Die reichliche Handhabung der Verordnungsgewalt durch das Reichsfinanzministerium in Verbindung mit dem gut ausgebildeten Rechtsschutz bewirkt, daß die Streitfragen des Verordnungsrechts in jüngster Zeit nicht zum wenigsten hier ausgetragen werden. Dies gilt u. a. für die mit der Unterscheidung von Rechtsverordnungen und Verwaltungsverordnungen zusammenhängenden. Rechtsnormen dürfen meines Erachtens enthalten sein nicht nur in „Durchführungsbestimmungen", sondern auch in regelrechten „Ausführungsbestimmungen", wofern sie nicht unmittelbar auf Art. 77 RV., sondern auf ausdrückliche Ermächtigung zu ihrem Erlaß im Einzelsteuergesetz gegründet sind (vgl. meinen Beitrag in den „Verwaltungsrechtl. Abhandlungen", Festgabe für das preuß. Oberverwaltungsgericht 1925, S. 29—61).

3. Aussprache über die vorhergehenden Berichte des zweiten Verhandlungstages.

Triepel-Berlin: Es wird sich in der Debatte hauptsächlich um drei Fragen handeln. Erstens, wie weit das Steuerrecht ein in sich geschlossenes Recht darstellt, mit Eigengesetzlichkeit der Begriffsbildung (Ausdruck von Hensel). Zweitens um die Natur des steuerrechtlichen Grundverhältnisses. Drittens, was sich vielleicht mit dem ersten berührt: um die Eignung der allgemeinen Lehren des Steuerrechts, andere Gebiete des öffentlichen Rechts zu beeinflussen. Ich schlage vor, die Diskussion hauptsächlich auf diese drei Dinge zu richten.

Koellreutter - Jena: Ich möchte zu den beiden ersten Punkten sprechen. Eigentlich handelt es sich heute letzten Endes wieder um ein ähnliches Problem wie gestern. Es war mir interessant, was Herr Kelsen gestern der gegnerischen Anschauung vorhielt: Dahinter steht ja die Macht. So habe ich auch heute das Gefühl, daß es sich auch heute bei der Frage des steuerlichen Grundverhältnisses darum dreht, ob Schuldverhältnis oder Gewaltverhältnis.

Herr Hensel hat auch die Bedeutung des Eigentums als Funktionsbegriff im Steuerrecht berührt, eine überaus wichtige Frage. Wenn die Richter bei der Fürstenabfindung diese Frage richtig beantwortet hätten, so würden wir nicht in die heutige Lage geraten sein. Ist es überhaupt möglich, den Richter soweit zu erziehen, daß wir ihn an die Stelle des Gesetzgebers setzen können?

Hensel hat sich für das Schuldverhältnis als Grundverhältnis entschieden, aber sagte doch, es liege schließlich kein Gegensatz zum Gewaltverhältnis vor. Ohne Gewaltverhältnis kommt man aber gar nicht aus. Es ist letzten Endes die Frage des Rechtsstaates, wie weit man die Grenze rechtlicher

Regelung verschieben kann, ohne dem Staate die Möglichkeit zu nehmen, sich durchzusetzen. Hinter dieser rechtlichen Regelung kommt dann doch das Gewaltverhältnis. Es handelt sich hier um Verfügungsakte des Staats, aber unter Mitwirkung des Bürgers. Jellinek hat diese Frage beim Beamtenverhältnis als eines zweiseitigen Verhältnisses in der Festgabe des Oberverwaltungsgerichts (1925) behandelt. Wir können den Begriff des Finanzbefehls, des hoheitlichen Gewaltakts im Steuerrecht, gar nicht entbehren. Auch die Reichsabgabenordnung steht auf diesem Standpunkt. Eine Stelle aus Beckers Kommentar ist mir dafür charakteristisch, an der er den Finanzbefehl als Gegenstück zum Polizeibefehl bezeichnet. Wenn die Steuergewalt auch fiskalisch ist, so dient der Finanzbefehl doch letzten Endes ebenso dazu, notwendige Interessen des Staats zu wahren. Kaufmann hat mit Recht betont, daß der Begriff der Polizei ein solcher ist, der vom Richter rechtsschöpferisch entwickelt werden muß. So ist es in Thüringen auch geschehen. Die Anknüpfung in Preußen an den § 10 II 17 ALR. ist bekanntlich rein äußerlicher Natur. Ähnlich ist es auch beim Finanzbefehl. Hätten wir ihn nicht, so müßten wir ihn erfinden. Es handelt sich um Lebensinteressen des Staats. Um etwas anderes handelt es sich auch bei der Polizei nicht, deshalb scheint mir das Problem des Grundverhältnisses – ob Schuld- oder Gewaltverhältnis – ein Scheinproblem zu sein.

Ich glaube, der erste Referent hat darin Recht, daß Einwirkungen des Steuerrechts auf das sonstige Recht in erheblichem Umfange noch nicht nachgewiesen sind. Aber ich möchte doch betonen, daß die Entwicklung des Steuerrechts in allen Kulturstaaten im wesentlichen die gleiche ist. So ist heute das englische Steuerrecht vollkommen kontinentalisiert, wie ich das für das englische Verwaltungsrecht schon 1921 dargetan habe; es löst die Probleme des Steuerrechts auf denselben Wegen wie wir.

Zum dritten Punkt möchte ich sagen: Herr Kollege Hensel hat die geringe Bedeutung der Rechtsprechung des Reichsfinanzhofs betont, in der Frage, ob man Begriffe des Steuerrechts auf das allgemeine Recht übertragen kann. Mir scheint die Fragestellung nicht richtig. Nicht das ist die Frage, ob einzelne Probleme des Steuerrechts auf das allgemeine Verwaltungsrecht übertragen sind, sondern inwieweit allgemeine Rechtsgedanken sich auf dem Gebiete des Steuerrechtes ausgeprägt haben. Es handelt sich hier um Gedanken, die die Rechtsprechung einzeln zutage gefördert hätte, auch wenn das Steuerrecht nicht vorhanden wäre und die sich nur im Steuerrecht als dem neuesten Zweige des Verwaltungsrechts konkretisiert haben. Das zeigt z. B. ein Urteil des thüringischen Oberverwaltungsgerichts vom 25. November 1925. Das Gericht hat hier unter Hinweis auf den Kommentar zur Reichsabgabenordnung von Becker, in dem die Notwendigkeit des Schutzes des Privatinteresses betont wird, gesagt: Der Private darf nicht dadurch benachteiligt werden, daß die Behörde sich nachträglich berichtigt. Das Gericht steht nicht an, diesen Rechtsgedanken des Vertrauensschutzes des einzelnen gegenüber behördlichen Verfügungen allgemeine Geltung zuzuerkennen. Diesen Satz hätte ich auch in das Urteil gebracht, wenn der § 78 RAO. nicht vorhanden gewesen wäre. Übrigens spielt dieses Problem des Vertrauenschutzes auch in unserem Beamtenrecht eine entscheidende Rolle. Es liegt also überhaupt so, daß diese Ideen in der Luft liegen, und daß Becker sie in der Reichsabgabenordnung nur konkretisiert hat.

Der Wert des Steuerrechts liegt darin, daß durch dieses zur Klärung der allgemeinen verwaltungsrechtlichen Begriffe beigetragen wird.

Mirbt-Göttingen: Ich möchte über das steuerliche Grundverhältnis sprechen. Aus der Stellung, die man hier einnimmt, ergeben sich weitere präzise Folgerungen. Hensel hat sich strikte dagegen gewendet, daß es sich hier um ein Gewaltverhältnis handele. Ich habe einige der Ausführungen von Herrn Hensel etwas auf meine Darlegungen hinzielend aufgefaßt, weil ich vom Gewaltverhältnis ausgegangen bin. Schuld- und Gewaltverhältnis schließen sich nicht aus, sondern treten bald in eine innere Verbindung. Wenn ich veranlagt werde, so geht die hier zum Ausdruck kommende Verpflichtung der Steuerbehörde auf das Gesetz zurück. Die Sache liegt in der logischen Konstruktion so: Jeder, der innerhalb der staatlichen Gewalt lebt, ist dieser Gewalt unterworfen, und diese Unterwerfung ist der allgemeine Grund des Abgabengewaltverhältnisses. Dieses ist hier zu zerlegen in eine Reihe Steuerrechtsbeziehungen. Wie konzentriert sich diese allgemeine Gewaltunterworfenheit zu einer konkreten Verpflichtung? Ist bei dieser noch eine Gewalt gegeben, weil Berechtigte und Verpflichtete gleichmäßig dem Gesetz unterworfen sind? Nawiasky stellt hier alles auf die Gleichberechtigung ab, während Bühler auch im einzelnen alles, was als gewaltmäßig bezeichnet werden kann, hervorhebt. Diese Prinzipien können einander nicht so gegenübergestellt werden. Von der Unterworfenheit unter Staatsgewalt und Gesetz sind scharf zu scheiden die einzelnen rechtlichen Beziehungen und hier gilt gerade für die Steuerrechtsverhältnisse, daß Gewaltverhältnisse hinsichtlich des Kernstückes, der steuerlichen Geldschuld, nicht gegeben sind.

Die Tatbestandsverwirklichung wird als Begriff heute überspannt. Wenn man mit Hensel in der Tatbestandsverwirklichung die stetig sich erneuernde Grundtatsache für die Entstehung dieses Steuerverhältnisses sieht, so ist zweifelhaft, ob mit Art. 81 der Schöpfer der Reichsabgabenordnung überhaupt hat einen Zentralbegriff schaffen wollen, da viele Rechtsbeziehungen unzweifelhaft nicht durch einfache Tatbestandsverwirklichung entstehen. Wenn also Herr Hensel jetzt von einem gesetzlichen tatbestandsmäßigen Schuldverhältnis spricht, so trifft das nur die steuerliche Geldschuld, aber nicht die Grundbeziehung von Steuergläubiger und Steuerschuldner. Die Konsequenzen werden unerträglich. Die steuerrechtliche Verfügung kann nicht als Tatbestand gewertet werden, durch dessen Verwirklichung eine Steuerpflicht entsteht. Damit aber wäre § 81 AO. seines spezifischen Werts entkleidet. Die Grenzlinie zwischen beiden Verhältnissen ist eine flüssige, keine gegensätzliche. Die Gefahr, daß die Annahme eines Schuldverhältnisses eine Übernahme privatrechtlicher Begriffe zur Folge habe, besteht heute kaum. Deutlich wird meines Erachtens durch die Bezeichnung Schuldverhältnis die Natur aller Beziehungen zwischen Staat und Steuerpflichtigem nicht; es ist also eine einheitliche Charakteristik nicht möglich.

Ich stimme mit dem Herrn Referenten vollkommen überein: der Einfluß des Steuerrechts auf das übrige öffentliche Recht ist gering. Das ist merkwürdig, weil der Steuereingriff in das Leben des einzelnen so intensiv ist, und dennoch erst gibt es seit wenigen Jahren eine Steuerrechtswissenschaft. Es ist das vielleicht daraus zu erklären, daß die früheren rechtsstaatlichen Bindungen praktisch angewendet worden sind.

In der Frage, ob das Steuerrecht ein Gebiet mit eigengesetzlichem Leben ist, kann eine Art „Kniff" liegen, um das Steuerrecht momentan zu isolieren. Aber dieses Gebiet ist gänzlich hineingestellt in das öffentliche Recht überhaupt. Nur damit gewinnt das heutige Thema seine Bedeutung.

Apelt-Leipzig: Das Leitmotiv des heutigen Tages ist gewesen, daß der Einfluß des Steuerrechts auf die allgemeinen Lehren des Verwaltungsrechts gering sei. Ich möchte das nicht als ganz zutreffend anerkennen. Der Einfluß ist doch wesentlich gewesen. Das Steuerrecht ist beim Finanzausgleich zum Brennpunkt geworden; hier wird das Verhältnis von Reich und Ländern in Zukunft entscheidend bestimmt. Daß die Länder heute gegen die jetzige Gestaltung des Finanzausgleichs verzweifelt ankämpfen, weil sie erkennen, daß ihre Staatlichkeit, die wir ihnen heute noch zuerkennen, in Zukunft wesentlich von der Gestaltung des Steuerrechts abhängt, beweist die Bedeutung dieses Rechtsgebiets für das staatsrechtliche Verhältnis von Reich und Ländern. Es ist interessant, daß der deutschnationale Minister v. Schlieben die Interessen des Reiches vertreten mußte, während auf der anderen Seite demokratische Minister der Länder (Höpker-Aschhoff) Verfechter des Partikularismus gewesen sind. Die Probleme drängen sich eben auf.

Auf dem Gebiete des Verwaltungsrechts machen sich gleichfalls erhebliche Einflüsse des Steuerrechts geltend. Auszugehen ist vom Gewaltverhältnis. Man muß zunächst dabei die speziellen Gewaltverhältnisse (Beamte, Soldaten usw.) ausscheiden, weil im Steuerrecht ein solches allgemeinsten Umfanges vorliegt. Ich möchte daher den Ausdruck Gewaltverhältnis nicht für glücklich halten, angewendet auf das Gebiet der Steuerhebung, sondern ziehe mit Hensel den Begriff des Schuldverhältnisses vor. Es zeigt sich auch hier die große Bedeutung des dispositiven Rechts, das nicht auf Unterordnung beruht. Das Verwaltungsrecht von Otto Mayer ist bekanntlich – unter Voranstellung der Lehre vom Verwaltungsakt – aufgebaut auf dem Gedanken der Gewaltunterworfenheit des Untertans. Vernachlässigt ist das große Gebiet, das in der Praxis steigende Bedeutung erlangt, wo nicht mit Hilfe des Verwaltungsaktes die Ziele des Staates durchgesetzt werden, sondern wo sich der Staat mit dem Bürger auf den Boden der Gleichberechtigung stellt. Das ist das Gebiet des dispositiven Rechts, beherrscht vom öffentlich-rechtlichen Vertrag. Auch beim Steuerverhältnis liegt neben dem Finanzbefehl das Gebiet, wo wir mit ihm allein nicht auskommen.

Ich stimme Koellreutter zu, daß diese neuen Gedanken in der Luft schweben. Aber es ist doch jegliche Kodifikation bedeutsam; denn es ist bekannt, daß die praktische Wirksamkeit solcher Ideen viel überzeugender ist, wenn sie nicht nur „in der Luft schweben". Ich darf noch ein Beispiel anführen. Einem Ausländer, der nach Deutschland ziehen will, kann durch Vereinbarung die Einkommensteuer jetzt auf längere Jahre pauschaliert werden. Hier kann ein Gewaltverhältnis gar nicht bestehen. Der Ausländer ist der Hoheit noch gar nicht unterworfen. Der Vertrag wird geschlossen, ehe eine Beziehung zwischen dem Ausländer und Deutschland besteht.

Ich glaube, daß das Steuerrecht auch in der Lehre vom fehlerhaften Verwaltungsakt Rückwirkungen äußern wird. Manche Formulierungen der Reichsabgabenordnung haben in der Luft gelegen, z. B. daß örtliche Unzuständigkeit nicht Nichtigkeit zur Folge hat, daß überhaupt der Akt zumeist nur anfechtbar ist usw.

Mit der Aufstellung neuer Rechtsbegriffe im Steuerrecht soll man vorsichtig sein. Man neigt jetzt dazu, hier zu viel zu tun, z. B. in der Frage der Rechtsfähigkeit. Wenn ein Begriff für die übrigen Rechtsgebiete feststeht, so soll man ihm vom Steuerrecht aus nicht zu verändern suchen, z. B. hier hinsichtlich der Personengemeinschaften, die nicht juristische Personen sind. Denn eine ähnliche Entwicklung vollzieht sich auch im Arbeitsrecht, z. B. in der Handlungsfähigkeit der Belegschaft. Es wäre ganz unglücklich, überall, wo im modernen Recht Verbände handelnd auftreten, eine besondere Rechtsfähigkeit zu konstruieren. Ebenso steht es mit dem Begriff des Gewerbes, der im Gewerberecht entwickelt ist. Der Reichsfinanzhof und das sächsische Oberverwaltungsgericht stellen je einen besonderen Begriff des Gewerbes im Steuerrecht auf. Wir dürfen nicht in einen Begriffstaumel verfallen.

Die Frage der Organisation, Ausbildung der mittleren Beamten – ist ein sehr wichtiges Problem. Die tägliche Anwendung des Steuerrechts liegt doch fast ausschließlich in ihrer Hand; daraus folgt die Notwendigkeit ihrer juristischen Ausbildung. Dadurch werden die Verwaltungsakademien an Bedeutung gewinnen.

Eine Einheitlichkeit des Verfahrens, wie Hensel meint, ist doch durch die Mannigfaltigkeit der bestehenden Landesverfahren noch nicht gegeben.

Richtig sind die Bedenken gegen die geistige Isolierung des Reichsfinanzhofs; diese kann nur überwunden werden durch Eingliederung in die Gesamtorganisation des zu schaffenden Reichsverwaltungsgerichts.

Helfritz-Breslau: Als Vorsitzender einer Steuerkommission warf ich in einer Verhandlung die Frage auf, ob ein Erlaß des Reichsfinanzministers Rechtsverordnung oder Verwaltungsverordnung wäre. Man erzählte mir darauf folgenden Vorfall: Ein Landesfinanzamt habe sich einmal an den Reichsfinanzminister gewandt mit dem Berichte, es könne einen Erlaß nicht anwenden, weil er Rechtsverordnung sei und der Minister dazu nicht ermächtigt sei. Darauf erhielt es die Antwort, das habe die nachgeordnete Verwaltungsbehörde nicht nachzuprüfen, sie habe dem Befehl nachzukommen. Mit solcher Auffassung rücken wir vom Rechtsstaat ab. Es kommt mir darauf an, festzustellen, daß das Reichsfinanzministerium trotz des Zweifels, ob die Rechtsverordnung auf Grund entsprechender Ermächtigung erlassen sei, sie aufrecht erhält. Wir befinden uns in gewisser Abwehrstellung. Was wir bisher erarbeitet haben an Grundsätzen, das darf nicht durch die Praxis der Steuerbehörden über den Haufen geworfen werden. Das hier in Rede stehende Problem ist also umzukehren: Der Besitzstand des öffentlichen Rechts darf nicht durch die Praxis des Steuerrechts gefährdet werden.

Ich kann mich nicht so unbedingt zum wissenschaftlichen Werte der Reichsabgabenordnung bekennen. Herr Nawiasky hat bereits auf ihre Mängel besonders in der Begriffsbildung hingewiesen. Die Wissenschaft darf sich nicht beiseite schieben lassen, sondern muß dem neuen Steuerrecht richtunggebend sein. Das berührt sich mit dem, was Herr Apelt ausgeführt hat, daß keine übermäßige neue Begriffsbildung hier einsetzen darf.

Nawiasky-München: Auch ich bin der Meinung, wir dürfen uns vom positiven Steuerrecht nicht treiben lassen. Immer mehr treten die schweren Mängel der AO. zutage. Sie liegen zum Teil darin, daß der innere Zusammenhang des Steuerrechts mit dem übrigen Verwaltungsrecht nicht beachtet ist. Der Reichsfinanzhof läuft Gefahr, diese Linie weiter zu verfolgen. Das ist ein Zeichen der Isolierung, vor der dringend gewarnt werden muß.

Ich freue mich, daß gewichtige Gründe dagegen geltend gemacht worden sind, eine eigene Steuerrechtsbegriffsbildung aufzustellen. Man tut nicht gut daran, für jedes Spezialfach besondere Begriffe aufstellen. Das ist gesetzestechnisch möglich, aber legislativpolitisch unsinnig. Das Gesetz soll doch vereinfachen. Im allgemeinen wird es also genügen, die Abweichungen von den sonst üblichen Begriffen im Steuerrecht zu normieren. Man muß indes unterscheiden. Alle bisher genannten Beispiele liegen nicht auf derselben Linie. Bei Begriffen des Privatrechts beispielsweise sind steuerliche Sonderbegriffe nicht am Platze. Anders bei der Rechtsfähigkeit. Das ist gar kein privatrechtlicher, sondern ein allgemeinrechtlicher Begriff. Rechtsfähigkeit heißt doch einfach Fähigkeit, Träger von Rechten und Pflichten zu sein. Daher erscheinen mir die Steuerpflicht bzw. die entsprechenden Rechte von nicht rechtsfähigen Gebilden in der AO. als eine contradictio in adjecto. Diese sind ja rechtsfähig im Sinne des Steuerrechts! Die Rechtsfähigkeit muß für jedes Gebiet eben erst bestimmt werden. Im übrigen kommt man mit den bisherigen Begriffen sehr gut durch. Man hilft sich z. B. mit der Auslegung: der Staat hat hier den Eigentümer nicht treffen wollen, dem die Sache gestohlen ist.

Die Frage nach der Bezeichnung des Grundverhältnisses kann man als Geschmacksache ansehen. Es handelt sich entweder um eine Klassifikation oder um einen praktischen gesetzestechnischen Begriff. Wenn ich aber einen klassifikatorischen Begriff zur Auslegung einer praktischen Einzelfrage verwende, so treibe ich Begriffsjurisprudenz in Reinkultur; denn ich will aus einem Begriff etwas herausholen, was ich selbst hineingelegt habe. Die theoretische Aufstellung von Typen hat nur dann einen Zweck, wenn ich damit die Position des Berechtigten deutlicher hervorheben kann. So kann ich von Gewaltverhältnis sprechen, wenn der Wille des Berechtigten innerhalb eines gewissen Rahmens frei bestimmt, was der Verpflichtete zu tun hat. Das ist im Steuerrecht aber im allgemeinen nicht der Fall, die Behörde ist streng an das Gesetz gebunden.

Es sind heute zwei andere Unterscheidungen aufgestellt worden. Herr Hensel hat es auf die Kontrollierbarkeit abgestellt. Es fragt sich nur, ob einander ähnliche Erscheinungen hiermit zusammengefaßt werden. Das trifft gewiß nicht zu. Wenn Herr Bühler von Überlegenheit des Staates spricht, so muß er — was er auch tut — auseinanderhalten den Staat als Gesetzgeber und als Gesetzanwender. Erscheinungen, wie die, daß die Behörde sich selbst den Exekutionstitel schafft, sind nicht maßgebend. Das ist eine rein prozeßrechtliche Frage. Wenn es sich um ein Grundstück handelt, muß die Steuerbehörde doch das Gericht angehen. Wo liegt hier der Unterschied? Man muß unterscheiden zwischen dem, der forderungsberechtigt ist, und dem, der im Verfahren über die Forderung entscheidet. Nur in dieser Stellung als Prozeßinstanz kann man von Gewaltverhältnis sprechen. Dann wäre aber auch jedes privatrechtliche Verhältnis, an dem der Staat als Berechtigter beteiligt ist, im Prozesse ein Gewaltverhältnis. Also kommt man auf diese Weise nicht weiter.

Schranil-Prag: Ich will nicht die große Bedeutung leugnen, welche die Entwicklung des Steuerrechts namentlich auf dem Gebiet des Staatsrechtes hervorbrachte — sie wurde hier mehrfach betont —; auch ich möchte sie besonders hervorheben. Ich will mich aber hier an das Thema und die zur Diskussion gestellten Fragen halten.

Zunächst möchte ich einige Bemerkungen zur Begriffsbildung im Steuerrecht vorbringen. Diese kann in zweifacher Weise aufgefaßt werden. Einmal werden für die Zwecke des Steuerrechts Begriffe, die sonst aus dem Privat- oder öffentlichen Recht bekannt sind, Veränderungen unterworfen, sie erlangen im Steuerrecht ihren besonderen Inhalt. Das hat seinen Grund darin, daß die Besteuerung wirtschaftliche Zwecke verfolgt, Steuerinteressen sind vor allem wirtschaftliche Interessen, die wirtschaftliche Denkweise beherrscht die Steuergesetze und wirtschaftlich denkende Menschen haben auf die Besteuerung überhaupt den größten Einfluß. Die wirtschaftlichen Grundsätze der Besteuerung werden von der Finanzwissenschaft aufgestellt, zuerst hat sie Adam Smith formuliert, und die Grundsätze der Finanzwissenschaft müssen auch bei der Auslegung der Steuergesetze beachtet werden. Darauf weist die Reichsabgabenordnung selbst hin. Auch wenn nicht, wie bezüglich des Eigentums, der Rechtsfähigkeit eine veränderte Denkweise ausdrücklich verlangt wird oder, wie bezüglich der Nichtigkeit, sich im Laufe der Zeit ergeben hat, müssen stets die Grundsätze der Finanzwissenschaft bei der Auslegung der verwendeten Rechtsbegriffe Beachtung finden. Die Gleichheit, die sonst dem Juristen als Rechtsgleichheit erscheint, erscheint hier unter dem Gesichtspunkt der wirtschaftlichen Gleichheit, und ebenso ist es bezüglich der Frage der Leistungsfähigkeit. Das Steuerrecht verlangt dadurch bezüglich der aus anderen Rechtsgebieten entlehnten Ausdrücke eine Sonderstellung, jedoch nur für seinen eigenen Bereich. Ebenso ist bezüglich der im eigenen Bereich des Steuerrechts entstandenen und entstehenden neuen Rechtsbegriffe eine Geltung für andere Rechtsgebiete nicht selbstverständlich. Bei dem steten Wechsel im wirtschaftlichen Leben, der bei hoher Besteuerung um so reger ist, können wir aber nicht von dauernden wirtschaftlichen Begriffsbildungen für steuerrechtliche Zwecke reden, sondern jeder Rechtsfall erheischt eine gesonderte Betrachtung. Es ist daher sehr klug vom Verfasser der Reichsabgabenordnung gewesen, nichts mehr als Auslegungsregeln aufzustellen. Die Auswüchse der Praxis und auch des Schrifttums hat er selbst literarisch bekämpft.

Etwas anderes ist das eigentliche Gebiet des Steuerrechts, das Verhältnis zwischen dem Steuerberechtigten und dem Steuerschuldner. Ich glaube, daß der Ausdruck „Steuergläubiger" kein vollkommen klares Bild gibt. Er könnte leicht zur Vermutung führen, daß es sich um eine Gleichstellung oder eine fast gleiche Stellung mit dem Steuerschuldner handelt. Die Gefahr der analogen Anwendung privatrechtlicher Grundsätze auf das Steuerrecht ist doch nicht so ganz von der Hand zu weisen. Ich möchte nur hinweisen auf die verschiedene Behandlung der Steuerverjährung gegenüber der bürgerlichen Verjährung in der Reichsabgabenordnung, die im Schrifttum verkannt wurde. Es gibt keine Gleichordnung zwischen Steuerschuldner und Steuerorgane. Das letztere ist und bleibt Verwaltungsbehörde und erlangt, wie Herr Bühler auf Grund der Verfahrensgrundsätze schön hervorgehoben hat, stets eine überragende Stellung; auch die Zulassung von „Verträgen" kann daran nichts ändern. Die Gefahren einer Ausnutzung der überragenden Stellung hat die Rechtskontrolle abzuwehren. Den Ausdruck Gewaltverhältnis möchte ich jedoch wohlweislich vermeiden, da das deutsche Wort Gewalt mehr zum Ausdruck bringt, als sein französisches Gegenstück. Würde man übrigens ein allgemeines Gewaltverhältnis konstruieren, so müßte man jede Rechtspflicht auf Grund von Gesetzen als ein Gewaltverhältnis auffassen.

Es fragt sich nun, hat sich das Steuerrecht schon zu einer geschlossenen Begriffsbildung durchgerungen? Damit komme ich auch zu der Frage der Gesamtdarstellungen des Steuerrechts. Die Finanzwissenschaft hat es durch einhundertjährige Arbeit zu einem feingegliederten System gebracht und dennoch wird auch an ihm seit den letzten zehn Jahren heftig gerüttelt. Im Steuerrecht ist alles erst im Werden. Im Gegensatz zu anderen Rechtsgebieten, auf denen eine gegenseitige literarische Fühlungnahme besteht, ist das Steuerrecht infolge des Mangels derselben über die ersten Anfänge nicht hinausgekommen. Es besteht bei vorzeitigen Gesamtdarstellungen die Gefahr, daß sich der Verfasser den Weg für eine gründliche Weiterarbeit verschüttet. Die Reichsabgabenordnung macht noch nicht das ganze Steuerrecht aus. Ich halte es für den besseren Weg, zunächst erst zu Spezialuntersuchungen zu schreiten. Ich möchte aus der Fülle der Aufgaben, die der wissenschaftlichen Bearbeitung harren, nur erwähnen die Frage der Haftung, die auf der Grundlage des neuen Steuerrechts als Steuersicherungsmittel nicht ausreichend oder überhaupt nicht gewürdigt wird. Ferner wird gern darauf hingewiesen, daß es in den Steuergesetzen eine Menge gleichartiger Bestimmungen gibt, die wegen ihrer Gleichartigkeit geringgeschätzt werden. Ich bemerke auch, wenn eine Rechtseinrichtung nicht in der Reichsabgabenordnung, aber in den speziellen Steuergesetzen, ja sogar in mehreren von ihnen in gleichartiger Weise geregelt erscheint, müssen wir sie verarbeiten und in den Betrachtungen einbeziehen.

Eine gewisse Geschlossenheit ist gegeben durch die einheitliche Organisation und durch die Reichsabgabenordnung. Die Steuerverwaltungsorgane müssen eine Sonderstellung erlangen gegenüber den anderen Organen der Verwaltung, weil es keine Verwaltungsarbeit ohne Mitarbeit des zur Steuer Heranziehenden gibt. Der einzelne, der zu den Verwaltungsorganen in irgend einer Form in Beziehung tritt, muß auch ein Vertrauen zu ihnen fassen können, und das kann er nicht, wenn die Finanzverwaltung mit der Verwaltung von Polizeiaufgaben des Staates vereinigt ist. Das war ein großer Mangel in der Vergangenheit und namentlich in der Steuerverwaltung der Selbstverwaltungskörper, daß die Beamten, die mit der politischen oder inneren Verwaltung befaßt waren, gleichzeitig auch die Finanzverwaltung zu besorgen hatten. Was das Verhältnis der Steuerorgane zu den anderen Organen der Verwaltung betrifft, so kann man daraus, daß die Finanzverwaltung berechtigt ist, andere Organe zur Mithilfe heranzuziehen, keine bevorrechtete Stellung ableiten, denn eine solche Rechtshilfe kommt auch anderen Verwaltungen zu. Wenn sie anderseits den anderen Organen einen Einblick in ihre Tätigkeit verweigern, so tun sie dies auch gegenüber Privatpersonen und das hat seinen Grund lediglich in dem Bestreben, das Vertrauen des einzelnen zur Steuerverwaltung zu stärken.

Hiermit übergehe ich zu der letzten Frage, nach der Möglichkeit eines Einflusses der allgemeinen Lehren des Steuerrechts auf die anderen Gebiete des öffentlichen Rechts. Im Referat des Herrn Bühler hat sich an vielen Stellen seiner Rede eine Umdrehung des Themas gezeigt. Er verwendet in weitgehendem Maße Konstruktionen des Verwaltungsrechts auf das Steuerrecht, er untersucht die Anwendung verwaltungsrechtlicher Theorien auf das Finanzrecht. Es wird klar die Verwendbarkeit der allgemeinen Lehren des Verwaltungsrechts für das Steuerrecht gezeigt. Im letzteren erlangen aber die allgemeinen Lehren ihre besondere Ausprägung, aber nicht nach allen Richtungen, sondern nur nach einer Seite hin, welche mit dem speziellen Charakter des Steuerschuldverhältnisses zusammenhängt. Im Steuerrecht handelt es sich um Rechtsverhältnisse bestimmter Art, die Steuern sind Geldzahlungen des einzelnen an die öffentliche Verwaltung. Auch auf anderen Gebieten des Verwaltungsrechts kommen Geldzahlungen vor, aber hier im Steuerrecht sind sie der wesentliche Inhalt der Rechtsbeziehung. Dieser wesentliche Inhalt ist auch der Grund gewesen für die streng gesetzliche Bindung, die wir in den Steuergesetzen vorfinden. Damit erhalten wir eine bestimmte Begrenzung für die Möglichkeit eines Einflusses des Steuerrechts auf die Begriffsbildung im öffentlichen Recht.

Ich möchte hier eine Gruppierung vornehmen. Die Steuergesetze sind modernste Verwaltungsgesetze. Wir müssen von dem Gesetzgeber verlangen, daß er sich möglichst der im Privat- und öffentlichen Recht eingeführten Begriffe bedient und diesen dem ihnen sonst zukommenden Inhalt beläßt, ist dies nicht möglich, so geht das Steuerrecht eigene Wege, und zwar für seinen eigenen Geltungsbereich. Es sind im Steuerrecht Einrichtungen geschaffen worden, die ein reiches Betätigungsfeld für die mit ihnen befaßten Organe bedeuten und ihre praktische Erprobung ermöglichen, Einrichtungen, die, wenigstens soweit das Reich in Betracht kommt, auf anderen Gebieten des Verwaltungsrechts noch mangeln. Ich verweise nur auf die verwaltungsgerichtliche Kontrolle durch den Reichsfinanzhof. Die Erfahrungen, die da gesammelt werden, können auch für das sonstige Verwaltungsrecht angewendet werden. Insofern kann das Steuerrecht befruchtend einwirken auf das übrige Verwaltungsrecht. Wir müssen noch eine zweite Gruppe hervorheben. Soweit es sich um ähnlich geartete Rechtsbeziehungen, wie im Steuerrecht, handelt, um gesetzlich streng gebundene Geldzahlungspflichten, wie im Reichsversicherungsrecht; im Fürsorgerecht, wenigstens zum Teil, kann das Steuerrecht und seine Begriffsbildung leicht und ohne Gefahr übertragen werden. Im übrigen möchte ich mich sehr skeptisch äußern. Wir müssen grundsätzlich bezüglich der Möglichkeit der Übertragung steuerrechtlicher Begriffe und Einrichtungen auf andere Rechtsgebiete vorsichtig sein. Mit Rücksicht auf die besondere Art der steuerrechtlichen Einrichtungen möchte ich mich eher gegen eine Übertragung aussprechen. Nur soweit auch im übrigen Gebiet des Verwaltungsrechts eine gesetzliche Bindung im demokratischen Staat gegenüber dem früheren Ermessen in der Handhabung der Gesetze in den Vordergrund gerückt werden muß, kann das Steuerrecht, in dem die gesetzliche Bindung schon altes Recht ist, beispielgebend wirken.

W. Jellinek-Kiel: Ich möchte Herrn Hensel in einem wichtigen Punkte beistimmen, daß die Steuerrechtsbegriffe Eigengesetzlichkeit besitzen, nämlich hinsichtlich des freien Ermessens. Der Reichsfinanzhof übt eine weit schärfere Ermessenskontrolle als das Oberverwaltungsgericht. Das kommt daher, daß das Steuerrecht einen besonderen Ermessensbegriff hat. Er steht unter dem Grundsatze der Gleichmäßigkeit der Anwendung, daher kein Spielraum für persönliche Anschauungen, sondern Ausübung des Ermessens nach Recht und Billigkeit. Das ist kein echtes freies Ermessen, das ist eine Art richterliches Ermessen. Eine verschiedenartige Gesetzeshandhabung würde eine Gesetzesverletzung bedeuten, während in der inneren Verwaltung Persönlichkeiten als Beamte gerade gewollt sind, und die Möglichkeit verschiedener Ansichten dieser Persönlichkeiten gewahrt bleiben muß.

Die Tragweite der zweiten Frage nach dem steuerlichen Grundverhältnis kann ich im Augenblick noch nicht abschätzen. Aber es empfiehlt sich, eine Frage schon zu behandeln, bevor sie praktisch dringend geworden ist. Unter Gewaltverhältnis kann man ein doppeltes verstehen: Einmal kann man es verneinen, weil es nicht genügend konkretisiert sei. Es sei nur ein allgemeines Untertanenverhältnis und bedeute noch nicht eine besondere Rechtspflicht. Dann aber sprechen wir von einem Gewaltverhältnis, wenn der eine über dem anderen steht und der andere Teil nicht die gleichen Rechte hat. Da stimme ich dem Herrn zweiten Referenten zu, daß wir ein Gewaltverhältnis annehmen können. Ich möchte besonders den Ton legen auf die Entscheidungsgewalt des Finanzamtes. Sie ist nicht rein deklaratorisch. Gerade im Irrtum zeigt sich das. Auch die irrige Entscheidung hat eine ganz andere Kraft als die eines Privatgläubigers. (Auf einen Zuruf:) Herr Nawiasky konstruiert den gleichgeordneten Fiskus und daneben den Staat als besondere Seite des Finanzamts. Das ist gekünstelt. Man muß die Tätigkeit des Finanzamts einheitlich ansehen. Das Finanzamt kann mir schreiben: „Die Frage, ob etwas steuerpflichtig ist, steht dem Finanzamt und nicht Ihnen zu.“ Würde ein Privatmann etwas derartiges schreiben, so wäre es eine Unverschämtheit. Ich muß allerdings Herrn Hensel zugeben, daß er sich durch das Wort „öffentlichrechtliches“ Schuldverhältnis vielleicht unserer Auffassung nähert.

Was den letzten Punkt betrifft, so würde sich ein besonderes Referat über die Bedeutung des Verwaltungsaktes in der Reichsabgabenordnung lohnen. Ob die Reichsabgabenordnung eine glückliche Hand gehabt hat, möchte ich nur mit Vorbehalt bejahen. Das unübersichtliche Verhältnis der §§ 73ff. zu § 212 zeigt doch einen schweren systematischen Fehler. Und ob § 78 wirklich so fein durchdacht ist, daß man ihn auf andere Gebiete anzuwenden berechtigt ist, weiß ich nicht. Es ist nicht klar, ob nicht eine ganz grobe sachliche Unzuständigkeit zur Nichtigkeit führt. Es gibt ferner doch den § 53 GewO. über diesen Punkt als Vorbild, die bekannte badische Verfahrensverordnung, den § 126 LVG. usw. Es fragt sich, ob nicht besser diese Gesetze einem allgemeinen Teile des Verwaltungsrechts zugrunde zu legen sind.

§ 78 wird in seiner Bedeutung auch dadurch beeinträchtigt, daß er vielfach nicht Gegenstand der Rechtsprechung des Reichsfinanzhofs werden kann.

Kaufmann-Bonn: Zunächst einige kurze Bemerkungen zur Frage des Gewaltverhältnisses. Es handelt sich gewiß beim Steuerrechtsverhältnis darum, daß der eine fordert und der andere schuldet. Das ist aber auch im Polizeirecht nicht anders. Die Besonderheit des Steuerrechts besteht nur darin, daß der Inhalt der Hauptforderung eine Geldleistung ist. Daraus ergeben sich natürlich Besonderheiten, namentlich im Vollstreckungsverfahren; aber auch das allgemeine Verwaltungszwangsverfahren zur Beitreibung von Geldverbindlichkeiten weist Besonderheiten auf und lehnt sich ebenfalls an die Zivilprozeßordnung an.

Das Entscheidende scheint mir darin zu liegen, welche Natur das Gesamtsteuerverhältnis mit seiner Hauptforderung und den Nebenforderungen hat. Aus der Einsicht in die Natur dieses Gesamtverhältnisses folgen zugleich die ungeschriebenen Normen über die Grenzen der Rechtsausübung der Steuerbehörden. Denn es handelt sich natürlich um ein rechtlich begrenztes Gewaltverhältnis, wie übrigens auch im Polizeirecht und in den anderen Zweigen des Verwaltungsrechts. Ich darf daran erinnern, daß auch staatsrechtlich die Natur des Steuerrechtsverhältnisses als Gewaltverhältnis eine bedeutende Rolle gespielt hat bei der Konstruktion der Steuer- und Zollregulative. – Besinnen wir uns dagegen auf die rechtliche Grundlage des Gesamtschuldverhältnisses zwischen Gläubiger und Schuldner und damit auch zugleich auf die ungeschriebenen Normen für die Grenzen der Macht des Gläubigers, so sehen wir, daß hier alles auf dem Gedanken von Treu und Glauben im Verkehr beruht. Gerade diese Verschiedenheit zwischen Steuerschuldner und privatem Schuldner zeigt, worin die Verschiedenheit zwischen sogenanntem Steuerschuldner und privatrechtlichem Schuldner besteht, und daß man den Unterschied gut und zweckentsprechend dadurch zum Ausdruck bringt, daß man das Steuerrechtsverhältnis als Gewaltverhältnis bezeichnet. Wenn das Wort „öffentlich" bei Herrn Hensel diese Besonderheit charakterisieren soll, so sehe ich darin nur einen anderen Ausdruck für das, was man bisher gut als Gewaltverhältnis bezeichnet hat.

Sodann ein zweiter Punkt. Daß gewisse Begriffe im Steuerrecht in besonderer Bedeutung vorkommen, mag gewiß unbequem sein. Aber ich halte das für keine große Frage, da es sich ja nur um technische Begriffe handelt. Es ist kein Unglück, wenn technische Begriffe je nach dem Rechtsgebiet, in dem sie vorkommen, verschiedene Ausprägungen haben. Z. B. der Begriff des Wohnsitzes, unter dem wir eine mehr oder weniger feste Verbindung der Person mit dem Boden verstehen. Ich sehe nicht ein, was es der Eindeutigkeit der Rechtsbegriffe schaden soll, wenn wir sagen: eine bestimmte Art solcher Verknüpfung gilt im Steuerrecht als Wohnsitz, eine bestimmte andere für die Fragen der Staatsangehörigkeit und wieder eine andere für die, wo ein Schuldner verklagt werden kann. Eine Gefährdung wirklicher Rechtsprinzipien kann ich in alledem nicht sehen. Man darf daher das rechtstechnische Vereinfachungsbedürfnis nicht übertreiben.

Triepel-Berlin: Bei den Konstruktionsfragen, um die es sich hier handelt, wundert es mich, daß eine feine Konstruktion des Privatrechts gar nicht beachtet wird. Ich denke an den Gestaltungsakt, den die schöne Arbeit von Seckel herausgearbeitet hat. Ist die Umwandlung des allgemeinen Gewaltverhältnisses in das konkrete Steuerverhältnis nicht gerade unter dem Gesichtspunkt des Gestaltungsrechts zu erfassen? Ich glaube, daß der Verwaltungsakt, wie ihn Otto Mayer aufgefaßt hat, nichts als ein Gsstaltungsakt sein würde. Im Völkerrecht, wo die Dinge etwas anders liegen und näher an das Privatrecht herankommen, scheint mir dieser Begriff viel mehr an der Oberfläche zu liegen. Aber etwas ähnliches muß es im Verwaltungs- und Steuerrecht doch auch geben.

Schlußwort von **Hensel**-Bonn: Die Diskussion hat noch klarer, als mir das in meinem Vortrag möglich war, herausgestellt, daß ein prinzipieller Gegensatz von Gewalt- und Schuldverhältnis nicht besteht; aber auch die graduellen Verschiedenheiten herauszuarbeiten ist im wissenschaftlichen und praktischen Interesse wesentlich. Im wissenschaftlichen Interesse deshalb, weil wir dadurch über gewisse Einseitigkeiten bei Otto Mayer, Fleiner und anderen hinausgelangen können; die Verschiedenheiten zwischen Polizei- und Steuerrecht müssen zunächst einmal bewußt betont werden, damit wir wieder zu den Gemeinsamkeiten im Bereich des allgemeinen Verwaltungsrechts gelangen, die als Ziel unserer Wissenschaft unverrückbar festgehalten werden sollen.

Die Reichsabgabenordnung hat als wichtige Grundlage für ein solches allgemeines Verwaltungsrecht zu gelten, man mag über ihren Wert im einzelnen oder ganzen denken, wie man will. Ich persönlich trete für ihre Neugestaltung ein, nicht weil ich die Anlage des Gesetzes für schlecht halte, sondern im Gegenteil für so glücklich gelungen, daß eine wohlüberlegte Reform aus der jetzigen Fassung ein wenigstens für die Praxis höchst brauchbares Gebilde schaffen könnte.

Mit der Praxis, namentlich mit dem Reichsfinanzhof und dem Reichsfinanzministerium, enge Fühlung zu halten, scheint mir für die fruchtbare Weiterbildung eines wissenschaftlich fundierten Steuerrechts unbedingt notwendig zu sein; dort liegt die eigentliche Arbeitsstätte der Fortentwicklung. Daß namentlich von den Mitgliedern den Reichsfinanzministerium nicht noch mehr rein wissenschaftliche Arbeit geleistet wird, liegt wohl hauptsächlich an der Arbeitsüberlastung der dort tätigen Herren. Ich brauche aber nur auf die neuesten Veröffentlichungen von Staatssekretär Popitz über die Einkommensteuer und den Finanzausgleich im Handw. d. Staatsw. hinzuweisen, um darzutun, wie groß die rein wissenschaftliche Leistung ist, die die Praxis aufzuweisen hat. Die Wirklichkeitsnähe, die unser Verwaltungsrecht und namentlich das Steuerrecht braucht, werden wir am besten durch engste Zusammenarbeit mit der Praxis der obersten Gerichte und Verwaltungsbehörden erreichen.

Schlußwort von **Bühler**-Münster i. W.: Zur Frage des Gewaltverhältnisses nur ein Wort. Wenn ich das Gewaltverhältnis bejaht habe, verneine ich das Schuldverhältnis nicht. Im Gewaltverhältnis potenziert sich das Schuldverhältnis. Da Hensel jetzt auch im weiten Umfang (Betriebsprüfung usw.) ein Gewaltverhältnis zugibt, so sind die Differenzen nicht mehr sehr groß. Die Warnung von Helfritz und Nawiasky, mit der Begriffsbildung nicht zu selbständig voranzugehen, habe ich mir gern ad notam genommen. Auf das übrige möchte ich der Kürze der Zeit wegen nicht mehr eingehen.

IV. Verzeichnis der Redner.

V. Verzeichnis der Mitglieder der Vereinigung der deutschen Staatsrechtslehrer.

Gegründet am 13. Oktober 1922.

Vorstand.

1. Thoma, Dr. Richard, ord. Professor der Rechte, Geheimer Hofrat, Heidelberg, Ziegelhäuser Landstr. 17.
2. Smend, Dr. Rudolf, ord. Professor der Rechte, Berlin-Nicolassee, Teutonenstr. 1.
3. Nawiasky, Dr. Hans, a. o. Professor der Rechte, München, St. Annaplatz 8.

Mitglieder.

1. Anschütz, Dr. Gerhard, ord. Professor der Rechte, Geheimer Justizrat, Heidelberg, Ziegelhäuser Landstr. 35.
2. Apelt, Dr. W., ord. Professor der Rechte an der Universität Leipzig, Ministerialrat a. D., Leipzig, Kaiser-Wilhelm-Str. 84p.
3. Bilfinger, Dr. Karl, ord. Professor der Rechte an der Universität, Halle a. S., Paulusstr. 4.
4. Bornhak, Dr. Conrad, a. o. Professor der Rechte, Geheimer Justizrat, Berlin SW 61, Blücherplatz 2.
5. Brie, Dr. jur., Dr. theol. h. c., Siegfried, ord. Professor der Rechte, Geheimer Justizrat, Breslau, Auenstr. 35.
6. Bruns, Dr. Viktor, ord. Professor der Rechte, Berlin-Zehlendorf West, Prinz-Friedrich-Karl-Str. 21.
7. Bühler, Dr. Ottmar, ord. Professor der Rechte, Münster i. W., Gertraudenstr. 15.
8. Calker, van, Dr. Wilhelm, ord. Professor der Rechte, Geheimer Justizrat, Freiburg i. B., Josefstr. 15.
9. Dochow, Dr. Franz, a. o. Professor, Heidelberg, Leopoldstr. 37.
10. Dyroff, Dr. Anton, ord. Professor der Rechte, Geheimer Hofrat, München, Viktoriastr. 9.

11. Ebers, Dr. Godehard Josef, ord. Professor der Rechte, Köln-Marienburg, Ulmenallee 124.
12. Fleischmann, Dr. Max, ord. Professor der Rechte, Halle a. S., Kaiserplatz 14.
13. Frisch, v., Dr. Hans, früher ord. Professor an der Universität Czernowitz, jetzt Privatdozent an der Universität Wien, VIII, Josefstädterstr. 17.
14. Fürstenau, Dr. Wilhelm Hermann E., a. o. Professor der Rechte, Oberverwaltungsgerichtsrat, Berlin W 15, Sächsischestr. 8.
15. Genzmer, Dr. Felix, ord. Professor der Rechte, Marburg a. L., Wilhelmstr. 52.
16. Gerber, Dr. Hans, Privatdozent an der Universität Marburg a. L., Schwanallee 44.
17. Giese, Dr. Friedrich, ord. Professor der Rechte, Konsistorialrat, Frankfurt a. M., Rheinstr. 29 II.
18. Gmelin, Dr. Hans G. A., ord. Professor der Rechte, Gießen, Wiesenstr. 2.
19. Glum, Dr. F., Privatdozent der Rechte an der Universität Berlin, Berlin-Zehlendorf, Fürstenstr. 24.
20. Heckel, Dr., a. o. Professor der Rechte, Berlin-Friedenau, Goßlerstr. 21.
21. Helfritz, Dr. Hans, ord. Professor der Rechte, Geheimer Regierungsrat, Breslau, Eichendorffstr. 63.
22. Heller, Dr. Hermann, Privatdozent an der Universität Leipzig, derzeit Berlin-Schlachtensee, Adalbertstr. 41.
23. Henrich, Dr. phil., jur et rer. pol., Privatdozent an der Universität Wien, XVIII, Dittesgasse 40.
24. Hensel, Dr. Albert., a. o. Professor, Bonn, Joachimstr. 14.
25. Heyland, Dr., Privatdozent an der Universität Gießen, Amtsrichter a. D., Adresse: Wiesbaden, Nußbaumstr. 7.
26. Hippel, v., Ernst, Privatdozent der Rechte an der Universität Heidelberg, Beethovenstr. 51.
27. Holstein, Dr. Günther, ord. Professor der Rechte, Greifswald, Wolgasterstr. 39 d.
28. Hübner, Dr. Rudolf, ord. Professor der Rechte, Geheimer Justizrat, Jena, Beethovenstr. 6.
29. Isay, Dr. Ernst, Oberlandesgerichtsrat in Hamm, Privatdozent an der Universität Münster i. W.
30. Jacobi, Dr. Erwin, ord. Professor der Rechte, Leipzig, Mozartstr. 9.
31. Jahrreiß, Dr. Hermann, Amtsgerichtsrat, a. o. Professor an der Universität, Leipzig, N. 22, Landsbergerstr. 1.
32. Jellinek, Dr. Walter, ord. Professor der Rechte, Kiel, Esmarchstr. 59.

33. Jerusalem, Dr. J. W., a. o. Professor an der Universität, Jena, Humboldstr. 21.
34. Kahl, Dr. Dr. D., Wilhelm, ord. Professor der Rechte, Geheimer Justizrat, M. d. R., Berlin-Wilmersdorf, Kaiserallee 23.
35. Kaufmann, Dr. Erich, ord. Professor der Rechte, Bonn, Dechenstr. 6.
36. Kelsen, Dr. Hans, ord. Professor der Rechte, Mitglied und ständiger Referent des Verfassungsgerichtshofs, Wien, VIII, Wickenburggasse 23.
37. Köhler, v., Dr. Ludwig, ord. Professor der Rechte, Staatsminister a. D., Tübingen, Hirschauerstr. 6.
38. Koellreutter, Dr. Otto, ord. Professor der Rechte, Oberverwaltungsgerichtsrat, Jena, Schaefferstr. 2.
39. Kraus, Dr. Herbert, ord. Professor der Rechte, Königsberg i. Pr., Goltzallee 12.
40. Kulisch, Dr. Max, ord. Professor der Rechte, Innsbruck, Adolf-Pichler-Str. 8.
41. Lamp, Dr. Karl, ord. Professor, Innsbruck, Höttinger Riedgasse 20a.
42. Lassar, Dr. Gerhard, a. o. Professor an der Universität Hamburg, St. Benediktstr. 1.
43. Laun, Dr. Rudolf, ord. Professor der Rechte, Hamburg 37, Isestr. 123 I.
44. Layer, Dr. Max, ord. Professor der Rechte, Graz, Elisabethstr. 43.
45. Lukas, Dr. Josef, ord. Professor der Rechte, Münster i. W., Mauritzstr. 25.
46. Marschall v. Bieberstein, Freiherr, Dr. F., ord. Professor der Rechte, Freiburg i. B., Dreisamstr. 11.
47. Menzel, Dr. Adolf, ord. Professor der Rechte, Hofrat, Wien, 19/15, Windhabergasse 2a.
48. Merkl, Adolf, Dr., a. o. Professor der Rechte, Wien VIII, Burggasse 102.
49. Mirbt, Dr. H., Privatdozent an der Universität Göttingen, Düsterer Eichenweg 22.
50. Nawiasky, Dr. Hans, a. o. Professor der Rechte, München, St. Annaplatz 8.
51. Neuwiem, Dr. R., ord. Professor der Rechte, Greifswald, Langefuhrstr. 14.
52. Oeschey, Dr. Rudolf, a. o. Professor an der Universität Leipzig, Adresse: München, Schellingstr. 1, Leipzig, Haydenstr. 12.
53. Perels, Dr. Kurt, ord. Professor der Rechte, Hamburg, Gustav-Freytag-Str. 7.

54. Peters, Dr. Hans, Privatdozent an der Universität Breslau, Charlottenstr. 53.
55. Pohl, Dr. Heinrich, ord. Professor der Rechte, Tübingen, Waldhäuserstr. 26.
56. Redlich, Dr. Josef, früher ord. Universitäts-Professor, Minister a. D., Wien XIX, Armbrustergasse 15.
57. Richter, Dr. Lutz, Privatdozent an der Universität Leipzig-Schleußig, Schnorrstr. 40 III.
58. Rieker, Dr. Karl, ord. Professor der Rechte, Geheimer Justizrat, Erlangen, Löwenichstr. 19.
59. Rothenbücher, Dr. Karl, ord. Professor der Rechte, München, Kaiserplatz 12.
60. Ruck, Dr. Erwin, ord. Professor der Rechte, Geheimer Justizrat, Basel-Bottmingen, Neuenruck.
61. Sartorius, Dr. Karl, ord. Professor der Rechte, Tübingen, Wilhelmstr. 12.
62. Seidler, Dr. Ernst, früher ord. Professor an der Universität jetzt Präsident, Wien XVIII, Hasenauerstr. 53.
63. Smend, Dr. Rudolf, ord. Professor der Rechte, Berlin-Nicolassee, Teutonenstr. 1.
64. Schmidt, Dr. Richard, ord. Professor der Rechte, Geheimer Hofrat, Leipzig, Sternwartenstr. 79.
65. Schmitt, Dr. Carl, ord. Professor der Rechte, Bonn, Godesberg-Friesdorf, Bonnerstr. 211.
66. Schoen, Dr. Paul, ord. Professor der Rechte, Geheimer Justizrat, Göttingen, Merkelstr. 5.
67. Schönborn, Dr. W., ord. Professor der Rechte, Kiel, Bartelsallee 6.
68. Schranil, Dr. Rudolf, a. o. Professor an der Universität, Prag VII 1303.
69. Stier-Somlo, Dr. Fritz, ord. Professor des öffentlichen Rechts und der Politik an der Universität, Köln-Marienburg, Marienburgerstr. 31.
70. Strupp, Dr. Karl, a. o. Professor an der Universität, Frankfurt a. M., Kettenhofweg 139.
71. Tatarin-Tarnheyden, Dr. Edgar, ord. Professor der Rechte, Rostock i. M., Friedrich-Franz-Str. 37d.
72. Thoma, Dr. Richard, ord. Professor der Rechte, Geheimer Hofrat, Heidelberg, Ziegelhäuser Landstr. 17.
73. Triepel, Dr. Heinrich, ord. Professor der Rechte, Geheimer Justizrat, Berlin-Grunewald, Humboldstr. 34.
74. Vervier, Heinrich, Dr. jur. und rer. pol., Regierungsrat I. Kl., Privatdozent an der Universität Würzburg, Theresienstr. 13.
75. Waldecker, Dr. Ludwig, ord. Professor der Rechte, Königsberg i. Pr., Hagenstr. 9.

76. Walz, Dr. Oberbürgermeister, ord. Honorarprofessor an der Universität Heidelberg.
77. Wenzel, Dr., Max, ord. Professor der Rechte, Rostock i. M., Kaiser-Wilhelm-Str. 26.
78. Wittmayer, Dr., Leo, Tit. a. o. Professor, Ministerialrat Wien, Schottenhof.
79. Wolgast, Dr., Ernst, Privatdozent an der Universität Königsberg i. Pr., Wrangelstr. 7 II.
80. Zorn, Dr. Philipp, ord. Professor der Rechte i. R., Geheimer Justizrat, Ansbach, Jüdtstr. 15.

VI. Satzung[1]

§ 1.

Die Vereinigung der deutschen Staatsrechtslehrer stellt sich die Aufgabe:

1. wissenschaftliche und Gesetzesgebungsfragen aus dem Gebiete des öffentlichen Rechts durch Aussprache in Versammlungen der Mitglieder zu klären;
2. auf die ausreichende Berücksichtigung des öffentlichen Rechts im Universitätsunterricht und bei staatlichen und akademischen Prüfungen hinzuwirken;
3. in wichtigen Fällen zu Fragen des öffentlichen Rechts durch Eingaben an Regierungen oder Volksvertretungen oder durch öffentliche Kundgebungen Stellung zu nehmen.

§ 2.

Zum Eintritt in die Vereinigung ist aufzufordern, wer an einer deutschen Universität als Lehrer des Staats- oder Verwaltungsrechts tätig ist oder gewesen ist und sich der wissenschaftlichen Forschung auf dem Gesamtgebiete dieser Wissenschaften gewidmet hat.

Die Aufforderung geschieht auf Vorschlag eines Mitglieds durch den Vorstand. Ist dieser nicht einmütig der Überzeugung, daß der Vorgeschlagene die Voraussetzungen für den Erwerb der Mitgliedschaft erfüllt, so entscheidet die Mitgliederversammlung.

Als deutsche Universitäten im Sinne des Absatz 1 gelten die Universitäten des Deutschen Reichs, Österreichs und die deutsche Universität zu Prag.

Staats- und Verwaltungsrechtslehrer an anderen deutschen Universitäten außerhalb des Deutschen Reiches können auf ihren Antrag als Mitglieder aufgenommen werden.

Für Lehrer des Staats- und Verwaltungsrechts, die früher an einer deutschen Universität im Sinne des Absatz 3 tätig gewesen sind, aber jetzt bei einer ausländischen Universität tätig sind, gilt Absatz 3 und 4.

---

[1]) Beschlossen am 13. Oktober 1922.

§ 3.

Eine Mitgliederversammlung soll regelmäßig einmal in jedem Jahre an einem vom Vorstande zu bestimmenden Orte stattfinden. In dringenden Fällen können außerordentliche Versammlungen einberufen werden. Die Tagesordnung wird durch den Vorstand bestimmt.

Auf jeder ordentlichen Mitgliederversammlung muß mindestens ein wissenschaftlicher Vortrag mit anschließender Aussprache gehalten werden.

§ 4.

Der Vorstand der Vereinigung besteht aus einem Vorsitzenden, seinem Stellvertreter und einem Schriftführer, der auch die Kasse führt. Der Vorstand wird am Schlusse jeder ordentlichen Mitgliederversammlung neu gewählt[1]).

Zur Vorbereitung der Mitgliederversammlung kann sich der Vorstand durch Zuwahl anderer Mitglieder verstärken. Auch ist Selbstergänzung zulässig, wenn ein Mitglied des Vorstandes in der Zeit zwischen zwei Mitgliederversammlungen ausscheidet.

§ 5.

Zur Vorbereitung ihrer Beratungen kann die Mitgliederversammlung, in eiligen Fällen auch der Vorstand, besondere Ausschüsse bestellen.

§ 6.

Über Aufnahme neuer Mitglieder im Falle des § 2 Abs. 2 sowie über Eingaben in den Fällen des § 1 Ziffer 2 und 3 und über öffentliche Kundgebungen kann nach Vorbereitung durch den Vorstand oder einen Ausschuß im Wege schriftlicher Abstimmung der Mitglieder beschlossen werden. Mit Ausnahme der Entscheidung über die Aufnahme neuer Mitglieder bedarf ein solcher Beschluß der Zustimmung von zwei Dritteln der Mitgliederzahl, und es müssen die Namen der Zustimmenden unter das Schriftstück gesetzt werden.

§ 7.

Der Mitgliedsbeitrag beträgt fünf[2]) Mark für das Kalenderjahr.

---

[1]) Durch Beschluß vom 10. März 1925 fiel der bisherige Satz: „Der Vorsitzende und sein Stellvertreter dürfen innerhalb eines Zeitraums von sieben Jahren nur einmal wiedergewählt werden", fort.

[2]) Beschlossen am 12. April 1924.

Kolibri 360 GmbH
Ferdinand-Jühlke-Straße 7
99095 Erfurt, Deutschland
produktsicherheit@kolibri360.de